AF308668

Adhémard LECLÈRE

Résident de France au Cambodge

Le
Livre de Vésandâr
le roi charitable

(Sâtra mâha chéadak ou Livre du grand Jâtaka)

D'après la Leçon Cambodgienne

PARIS

Ernest LEROUX, Éditeur

28, RUE BONAPARTE, 28

1902

Adhémard LECLÈRE

Résident de France au Cambodge

Le Livre de Vésandâr

le roi charitable

(Sâtra mâha chéadak ou Livre du grand Jâtaka)

D'APRÈS LA LEÇON CAMBODGIENNE

PARIS

Ernest LEROUX, Éditeur

28, RUE BONAPARTE, 28

1902

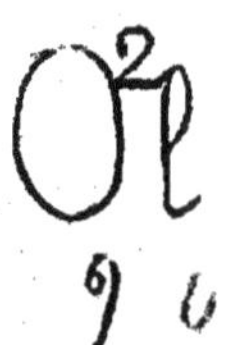

Principaux Errata

Page 16,   ligne   7, lire : *Khéma-mittata.*
—   16,   lignes 10, 18 du texte et 2 de la note 1.   lire : *Kânlong.*
—   20,   ligne   5 de la note 2, lire : *Siutana.*
—   33,   —   13,   lire : *s'étant présentés...*
—   33,   —   4,   lire : *Demain matin, j'irai saluer...*
—   44,   —   20,   lire : *tout à fait comme une esclave.*
—   44,   —   1 de la note 2, lire : « *aigre, acide* ».
Pages 48, lignes 14 et 33; 50, ligne 31; 52, ligne 27; 54, ligne 1; 55, ligne 2; 57, ligne 2;
   58, ligne 33; 59, ligne 5; 60, ligne 33; 63, ligne 9; 63, ligne avant dernière du texte;
   64, ligne 2 du troisième alinéa; 67, lignes 18 et 28; 73, ligne 2 du deuxième alinéa;
   79, lignes 11 et 13; 87, au troisième alinéa..   lire : *... préas réachéa bot...*
Page 48,   ligne   2 de la note, lire : *Préas Deymé.*
—   50,   —   16,   lire : *... tu as pitié de moi...*
—   51,   —   3 de la note 3.   lire : *... auxquelles elles donnent leur nom.*
—   60,   —   19,   lire : *... je l'ai dit une fois...*
—   63,   —   5,   lire : *... préas robeyda.*
—   63,   note   2,   lire : *Kù asophâréach.*
—   63,   ligne   6,   lire : *Suméru.*
—   63,   —   9 et note 4,   lire : *Réam.*
—   66,   —   24,   lire : *... préas réach...*
—   66,   note   3, ligne 7,   lire : *... et vous aussi, Kinnaras...*
—   67,   ligne   6,   lire : *... de leurs têtes.*
—   67,   —   12,   lire : *à leurs préas voméada robeyda.*
—   67,   —   37,   lire : *... les deux préas.*
—   68,   note   2,   lire : *Préashassimdey.*
—   70,   lignes 10 et 29.   lire : *toute en larmes.*
—   70,   ligne   23,   lire : *toute embarrassée.*
—   77,   avant dernière ligne,   lire : *Kbeng-kréat.*
—   78,   ligne 3 du 3e alinéa,   lire : *... préas réachéa rùng.*
—   80,   avant dernière ligne de la note,   lire : *de la conscience khmère...*
—   83,   2e ligne avant la dernière,   lire : *... qui lui avaient appartenu devinrent...*
—   84,   ligne   6,   lire : *Alors le roi préahm...*
—   91,   —   4,   lire : *Chéttobot...*
—   91,   —   16,   lire : *néang srey moha Méayéa.*
—   91,   —   18,   lire : *Yasantharéa.*
—   91,   note 15,   lire : *Pimpéa tévi.*
—   91,   —   18,   lire : *Buddha.*

Sâtra Mâha Chéadak

ou

Sâtra Préas Vésandàr

PRÉFACE

Je donne ici, sous le titre de *Mâha Chéadak*, « grand jâtaka », d'après la version cambodgienne, le récit connu à Ceylan et au Népâl sous le titre de *l'ésantara Jâtaka*, « jâtaka de Vésantara », et en Chine sous celui de *Taï-tseu-Siu-ta-na-king*, « le livre du prince Siut? na ».

Ce récit, comme tous les *jâtakas*, est une légende qui met en scène un personnage qui fut *bodhisattva*, c'est-à-dire le Bouddha au cours de l'une de ses existences antérieures. Bien que son titre cambodgien porte qu'il est le « grand jâtaka », ce livre est loin d'être le plus considérable des récits de ce genre que possèdent les Khmèrs; le *Sûtra Préas Moh soth*, que je donnerai plus tard, est beaucoup plus long puisqu'il forme quinze ligatures d'olles, c'est-à-dire environ quatre cent cinquante feuilles de palmier écrites sur les deux faces et contenant chacune dix lignes, longues de quarante centimètres, soit quatre mille cinq cents lignes, alors que le *mâha chéadak* ne compte que treize ligatures de chacune vingt-cinq olles, soit environ deux cent vingt-cinq olles et deux mille deux cent cinquante lignes. Mais si ce jâtaka n'est pas le plus volumineux de la série bien connue au Cambodge, il en est certainement le plus important, le plus beau et le plus connu. L'histoire de Vésandâr, le roi charitable, de néang Métry, sa reine, de chau Chuly et de néang Krésna, leurs enfants, est connue de tout le monde et peinte sur les murs d'un grand nombre de pagodes et de salas, à l'intérieur des monastères bouddhiques. Le vieux Chuchok, le brahmane, est, dans la conscience populaire, le type du vieillard jaloux qui a épousé une jeune femme; sa bosse est légendaire et l'objet des railleries des enfants; tout mâha risey (grand ascète) mis sur la scène au théâtre, quel que soit son nom réel, est pour le peuple Chuchok, le brahmane ridicule qui fait rire et qui reçoit les quolibets.

Le *mâha chéadak* est le sûtra que les religieux lisent le plus souvent aux fidèles, à certains jours fériés de l'année, et celui que le peuple cambodgien aime le mieux à entendre. Les assemblées religieuses sont rarement silencieuses au Cambodge et même, quand un religieux lit un sûtra aux fidèles, il n'est pas rare d'entendre tousser, éternuer et même parler tout haut au moindre incident qui se produit. Mais quand le religieux, assis les jambes croisées à l'indienne sur sa chaise à prêcher, lit le *mâha chéadak*, le silence est profond et rien ne vient troubler l'attention des auditeurs. Les yeux sont fixés sur les lèvres du lecteur et les oreilles sont tendues vers lui; on oublie de renouveler la chique de bétel et

la lecture est faite au milieu de l'attention générale. Aux passages tristes, la voix du religieux
s'altère et on entend des soupirs tout autour de lui. Mais où il faut voir la tenue de l'assis-
tance, c'est quand il est question des petits enfants, lorsque, cachés dans l'eau sous des
feuilles de lotus, leur père les appelle pour les donner en aumônes à Chuchok préahm, quand
ils prient leur père de ne les point donner, quand le brahmane cruel les bat. Alors les larmes
sont dans tous les yeux et on entend des sanglots; le religieux s'arrête pour reprendre haleine,
les femmes essuient leurs yeux avec le bord de leur écharpe, silencieusement, et les hommes
passent le dos de leurs mains sur leurs joues. J'ai vu à Kômpong-Thom des enfants pleurer
à chaudes larmes, des jeunes filles qui ne pouvaient retenir leurs sanglots et qui, appuyées
sur l'épaule de leur mère, laissaient couler leurs pleurs. Le désespoir de la mère qui cherche
ses enfants et qui ne les retrouve pas gagne les marians, et il n'est pas rare de voir l'une
d'elles, très émotionnée, serrer son enfant sur son sein comme pour le défendre de Chuchok
préahm, le croquemitaine cambodgien.

Le *mâha chéadak* est donc le plus populaire des livres cambodgiens. J'ajouterai qu'il est
le seul qui ait fourni des types, des motifs de critique malicieuse et d'observation; Chuchok
est le type du vieux mari jaloux ou non qui a épousé une jeune femme, mais Vésandâr est
le type du roi charitable, de l'homme bon; on dit communément « charitable comme
Vésandâr, bon comme Vésandâr »; néang Métry est le type de la femme dévouée à son
mari, de la mère au sens propre du mot. Quand on voit passer un tout petit garçon et une
toute petite fille qui se tiennent par la main, on dit : « Voilà Chuly et néang Krêsna »;
quand on voit passer un éléphant monté par quatre ou cinq personnes, on dit : « Voilà les
préahm qui emmènent l'éléphant de Vésandâr ». On dit encore : « Méchant comme Chuchok;
menteur comme Chuchok; il aime sa sœur comme Chuly aimait la sienne, etc., etc. »

Le *mâha chéadak* se recommande non seulement par les types qu'il a donnés au peuple,
non seulement par les lectures qu'on en fait dans les monastères, mais encore et surtout par
sa composition très soignée. On peut dire sans rien exagérer que ce livre est une des plus
belles pages de la littérature buddhique et, — bien que traduit du pâli, arrangé, chargé de
détails intéressants par le traducteur cambodgien — je dirai, de la littérature cambodgienne.
Le récit se tient bien, les divisions que j'ai indiquées en chiffres romains sont bien comprises,
les détails sont nombreux sans être fastidieux; il n'y a pas de longueurs et l'intérêt se soutient
jusqu'à la fin. Les sentiments exprimés, quand ils ne sont pas ceux de Vésandâr, quand ils
sont humains, sont peints de haute main : l'amour de néang Métry pour ses enfants, ses
pleurs quand elle ne les retrouve plus, ses paroles, son désespoir, sont vraiment ceux d'une
mère comme nous la comprenons. Les tentatives de la reine-mère pour retenir sa bru, pour
retenir ses petits-enfants, sont ceux d'une grand'mère. Les paroles de chau Chuly à son
père, sa prière en faveur de sa sœur, « qui tète encore », la prière des deux enfants aux
tévôdas gardiens de la montagne sont charmantes. Il y a vingt détails comme ceux-là qui
surprennent dans cette littérature peu connue, mille détails qui empoignent le lecteur,
l'auditoire, et qui provoquent l'émotion. Je le répète, le *mâha chéadak* est une œuvre, la
plus belle peut-être de toutes les œuvres d'imagination produites par les buddhistes, d'ordinaire si secs et si négligés dans leur littérature.

A ce compte, il méritait d'être traduit et mis sous les yeux des lecteurs français. J'espère
qu'ils auront autant de plaisir à le lire que j'en ai à le leur présenter et qu'ils trouveront là
une occasion de faire connaissance avec la conscience buddhique et de pénétrer au plus

profond de la pensée de ces peuples d'Extrême-Orient qu'on est trop porté à prendre pour des sauvages, pour des inférieurs indignes de notre affection. Ils verront là que l'homme est, au fond, le même sous toutes les latitudes et que les distances morales qui séparent les races sont beaucoup moins grandes que les espaces et les intérêts matériels qui divisent les nations. Les peuples d'Extrême-Orient ont des habitudes d'esprit que nous n'avons point et nous avons des habitudes d'esprit qu'ils n'ont pas, mais qu'on écarte tout cela pour regarder ce qu'il y a dessous, et on verra qu'il y a l'être humain avec ses passions, son amour du beau, du juste et tous ses enthousiasmes.

J'ai tenté, en deux ou trois notes, d'indiquer les points où la conscience cambodgienne paraît avoir été blessée, où les sentiments religieux de Vêsandâr lui ont paru trop inhumains, trop cruels, où le traducteur a cru pouvoir intervenir pour adoucir ce qu'à de trop âpre la vertu de Vêsandâr, pour rendre son héros moi... *a-humain*. Il n'y parvient guère, mais j'estime qu'il faut voir ici la protestation timide d'une conscience indignée, mais dominée par la pensée religieuse, d'une conscience qui trouve « que ce n'est peut-être pas très bien », mais qui n'ose pas le dire et qui refuse même de se l'avouer à elle-même. L'interpolation du vœu, de l'engagement pris à dix ans par Vêsandâr de ne jamais rien refuser de ce qui lui sera demandé en aumône, a été commise pour justifier le don des enfants, pour montrer que le Bodhisattva ne pouvait point les refuser sans manquer à son engagement, qu'il était pris par lui « comme un poisson dans une nasse et qui ne peut plus ni avancer, ni reculer »; la colère de Vêsandâr quand le préahm emmène ses enfants, colère qui le porte à saisir son arc et qui l'incite au meurtre, la fixation du prix de rachat et les raisons qui la motivent, tout cela me paraît avoir été introduit dans l'œuvre primitive par le traducteur cambodgien pour atténuer ce qu'a d'excessif, ce qu'a d'odieux la conduite *a-paternelle* de Vêsandâr que son égoïsme religieux fait sans entrailles et cruel avec ses petits, dur et injuste avec sa femme. C'est que, pour cette race cambodgienne, très positive de nature, religieuse, mais sans fanatisme, douce et naturelle, il y a là, dans l'acte de Vêsandâr, quelque chose qui froisse la conscience, qui blesse le bon sens. Ne pouvant rejeter cet acte sans anéantir l'œuvre qui n'a que cet acte pour objet, le traducteur essaye de l'expliqu... Et c'est là un trait qui, je le répète, caractérise le sûtra cambodgien et lui donne, dans l'œuvre littéraire des buddhistes, une place bien à part.

Le *mâha chéadak* commence ici par un récit, celui du retour du Buddha dans sa patrie, qui ne lui est pas toujours joint. J'aurais pu ne pas le publier, mais comme il donne, par rapport à la vie du Buddha, la date à laquelle il fut fait, j'ai pensé qu'il pouvait être conservé et qu'il y avait même quelque avantage à le donner comme entrée en matière. Cette date, si on admet que le Buddha a vraiment fait ce récit et qu'il l'a vraiment fait quelques jours après son retour dans sa patrie, serait celle de 588 avant notre ère. Voici comment on peut trouver ce chiffre : l'ère du Buddha commence le jour de sa mort, en 543 avant Jésus-Christ; il est mort âgé de quatre-vingts ans, donc il est né en 623; or, il avait vingt-neuf ans quand il a quitté le palais de son père pour se faire ascète, il a vécu six années dans la brousse avant d'être Buddha et ce n'est que quelques mois après être devenu Buddha qu'il partit pour Kapilavastu; il avait donc trente-cinq ans; or, comme il avait trente-cinq ans en 588 avant notre ère, c'est en 588 ou 589 qu'il faut faire remonter la date du récit, du jâtaka, que je donne ici.

Cependant, comme le récit du retour du Buddha ne saurait être confondu avec le jâtaka qui le suit, j'ai pris la liberté de les distinguer par un artifice littéraire qu'on voudra bien me pardonner. Je forme du récit concernant le Buddha une sorte d'introduction dont les paragraphes sont indiqués par des chiffres romains placés dans le texte, au commencement de certains alinéas; puis du jâtaka lui-même je forme le corps de l'ouvrage et j'en indique les paragraphes avec des chiffres romains plus gros et hors texte.

Le mot artifice que j'emploie ici a d'autant plus sa raison d'être que le texte sur lequel la traduction a été faite ne porte aucune division et que le tout se suit depuis la première ligne jusqu'à la dernière sans qu'un blanc vienne autoriser le lecteur à se reposer un peu. Un pareil texte était trop compact pour pouvoir être traduit ainsi. Le lecteur, surtout le lecteur français, aime les œuvres qui se présentent bien, qui sont bien divisées en chapitres et paragraphes; il aime les alinéas, un peu de blanc dans la page pour reposer les yeux, alléger le style, rendre l'ensemble plus facile à comprendre d'un coup. C'est pour répondre à ce besoin de clarté que j'ai cru, contrairement au texte, devoir faire dans les dialogues autant d'alinéas qu'il y a de répliques, et pouvoir, sans nuire à la traduction, à son exactitude, lui donner l'apparence typographique d'un livre écrit pour des lecteurs français. Mon *mâha chéadak* ne s'adresse pas qu'aux savants orientalistes, il s'adresse aussi à la foule curieuse de savoir ce qu'on pense là où nous avons assis notre puissance, et j'espère que si les savants me tiennent un peu rigueur, les lecteurs ordinaires me sauront gré de leur avoir présenté une traduction lisable.

Quelques-uns d'entre ces derniers, cependant, me reprocheront les notes en bas de page qui gênent un peu la lecture superficielle; mais que vaut aujourd'hui une traduction dépourvue des moyens qui permettent de l'apprécier, des notes qui doivent éclairer le texte et surtout montrer en quoi telle leçon se distingue d'une autre? J'ai cru pouvoir accorder au lecteur bénévole ce qu'il est en droit d'exiger, de la clarté, les artifices typographiques qui y concourent, mais j'estime que j'aurais tort de lui céder s'il se plaint qu'on mette à sa portée des éléments de clarté dont il croit n'avoir point besoin. Ceux qui croiront pouvoir se passer des notes, les laisseront, liront sans se préoccuper d'elles, — c'est facile, — mais ceux qui voudront savoir comment les Cambodgiens ont modifié la légende, interprété le texte primitif, les liront et cela me payera de les avoir écrites.

Adhémard LECLÈRE.

Sâtra Mâha Chéadak[1]

Ou Sâtra Préas Vésandâr

Le *Préas* (2) est le maître de tous les tévôdas (3) et de tous les hommes ; il est aussi le conducteur des animaux divers car il rassemble [tous les êtres autour de lui] et les dirige vers le paradis, afin qu'il jouissent de la tranquillité, de la prospérité.

Le Préas Angk (4), demandant l'aumône et bénissant ceux qui la lui faisaient, même les animaux, partit pour Kaubœlaphéas (5) afin d'aller modestement (6) s'installer devant tous les hommes dans un monastère (7) élevé dans le parc du chau Nikroch kauma (8) et pour lequel on avait dépensé cent quatre-vingts millions de dâmlœng d'or (9).

Quand [au cours de la marche] il était à craindre que la pluie survint, le Préas Angk enseignait et le miracle se faisait (10).

Ses paroles étaient vraies et c'est en enseignant ainsi qu'il annonça qu'il avait [autrefois] été Puthisath (11), c'est-à-dire un Préas Angk nommé Préas mâha Vésandâr (12).

(1) Du sanscrit *sûtra*, livre ; *mahâ*, grand ; *jâtaka*, nativité. — Livre de la grande nativité [du Buddha].

(2) Du pâli *para* (sanscrit, *vara*), haut, élevé, éminent.

(3) Du pâli *dévatâ*, dieu, bienheureux.

(4) Eminent corps, du sanscrit *anga*.

(5) *Kapilavastu*, la ville de Kapila, la capitale des Sâkyas. On dit aussi *Kaubœlaphéas-borey* qui a le même sens, bien que le mot *borey-puri* soit le doublet de *phéas vatta*, ville. — Un autre texte nous enseigne que le Buddha partit de Srâvasti, la capitale du roi de Kosala Prasenajit. Il habitait alors le Jeta-vana, le jardin qu'Anâthapindala lui avait offert.

(6) Cette expression est justifiée par le fait qu'il refusa d'habiter le palais de son père.

(7) *Arâm* du pâli *ârâmo*.

(8) En sanscrit et en pâli *Nyagrodha*. Le mot *kauma* signifie « jeune prince », le mot *chau* en cambogien signifie « prince, chef ».

(9) Le dâmlœng vaut 3; gr. 50.

(10) C'est-à-dire « la pluie ne tombait point ».

(11) Du sanscrit *bodhisattva*, celui qui suit les traces d'un buddha, le futur buddha.

(12) Du pâli *Para mahâ Vessantara*, l'éminent grand Vésantara, nom propre du Buddha à l'une de ses existences antérieures. — Voyez dans mon *Cambodge, contes et légendes*, le sâtra du roi Chéa-Ly, pp. 6-31.

Le Préas était doué d'une si grande puissance et d'une si grande intelligence qu'il connaissait tous les préceptes religieux sans les avoir appris, et qu'il se souvenait des actions qu'il avait accomplies, des choses qu'il avaient vues ou sues quand il était roi, au cours d'une existence antérieure. Il disait qu'il écrirait cela quand il aurait écrit les préceptes (1). Ses prédications sont au nombre de mille.

I. — Quant ce Préas Angk devint Préas Put (2), il habitait la forêt. Il commença à prêcher par reconnaissance pour ses parents (3) et parce que son intelligence était supérieure à celle des autres [hommes]. Devenu Préas Angk, accompagné de dix-huit tévôdas puissants (?), le sdach (4) décida d'aller dans un autre (5) monastère afin que Préas bat Makka réach sut qu'il avait été roi [de ce pays] dans l'antiquité. Le puissant Préas fut donc dans le monastère (à Râjagriha) pour enseigner sa religion à Préas bat Makka réach (6).

Comme il était là, son père, le Préas bat srey Sothor (7), ayant appris que le Préas Angk était devenu Préas, envoya un chef accompagné de mille hommes

(1) Cette dernière phrase est textuellement traduite.

« Je ne connais pas d'autre texte où il soit dit que le Buddha ait fait la promesse d'écrire, ait promis d'écrire soit les préceptes, soit autre chose. Je dois cependant noter que les Népâlais, d'après M. Hodgson, attribuent au Buddha la rédaction des livres sacrés. » (*Notices* etc., dans *Asiat. researches*. t. XVI, p. 412, cité par Burnouf, *Introduction à l'histoire du Buddhisme indien*, p. 43.) Ce savant ajoute qu'il ne peut citer un texte à l'appui de cette opinion, et je crois savoir que personne n'a pu jusqu'à présent en produire un seul disant que le Buddha lui-même en est l'auteur. Le *Catéchisme* de M. H.-S. Olcott dit même que le Buddha n'a pas écrit sa doctrine « parce que ce n'était pas la coutume hindoue à cette époque ». M. Olcott n'est pas une autorité, mais comme là il donne l'opinion des moines de Ceylan, il est nécessaire de le citer. À mon sens la version cambodgienne ne contredit pas la version courante que le Buddha n'a rien écrit, parce qu'elle n'enseigne pas que le Buddha a écrit, mais on conviendra qu'elle vient étrangement renforcer l'opinion des Népâlais, puisqu'elle enseigne que, dans l'année qui a suivi l'obtention de la Bodhi, Sâkya-Muni a déclaré qu'il écrirait l'histoire de ses existences antérieures quand il aurait écrit les préceptes. Espérons que d'autres textes viendront élucider cette question : « Le Buddha a-t-il mis par écrit quelque partie de sa doctrine ? »

Je ne dois point terminer cette note sans dire que le *Tray-Phûm*, un autre ouvrage cambodgien que je compte bientôt publier, enseigne : 1° que le Buddha lut pour la première fois, devant ses disciples, les préceptes sacrés, c'est-à-dire le discours de Bénarès (1re partie, chap. xII) ; 2° que le jour où il obtint la Bodhi, le Buddha lut dans les textes que le châkrâpatra (*cakravartin*) et le Buddha ne peuvent naître ailleurs que dans le Châmpu thvip (*Jambudvîpa*). Ce fait de faire lire le Buddha me paraît aussi une nouveauté qu'il était utile de signaler ici.

(2) Du pâli *pra buddha*, éminent buddha.

(3) Les autres textes connus, disent par amour par charité pour les êtres.

(4) Le Prince.

(5) Tout d'abord Siddhârtha, étant devenu Buddha, se rendit à Bénarès ; de cette ville, où pour la première fois il fit tourner la roue de la Loi, il se rendit dans un autre monastère, à Vélavana, près de Râjagriha, dont Bimbisâra, nommé là Préas bat Makka réach, était roi (*réach-râja*).

(6) Notre texte, d'accord avec les textes singalais et barmans, enseigne que le Buddha habitait Vélavana, près de Râjagriha, quand son père lui envoya des messagers l'invitant à le venir voir. (Voyez Bigandet, *Légende de Gautama*, édition française, pp. 156 et suivantes ; Spencer Hardy, *Manual of Buddhism*, 1880, p. 203). Mais le *Kandjour* tibétain enseigne qu'il habitait le jardin d'Anâthapindada près de Srâvastî. (Voyez Léon Féer, *Extraits du Kandjour* dans *Annales du musée Guimet*, V. p. 43.)

(7) En pâli *pra pâta sri Suddhodana*, éminente base et bienheureux Suddhodana. Suddhodana, « celui dont le riz est pur ». Il avait trois frères nommés : « celui dont le riz est clair, celui dont le riz est fort, celui dont le riz est blanc ».

l'inviter à revenir dans [son royaume] (1); mais ce chef et ces mille hommes, saisis par l'éloquence harmonieuse de Préas Angk, oublièrent la commission dont ils étaient chargés et se firent religieux tous ensemble (2). Leur devoir, en arrivant près du Préas était cependant d'accomplir leur mission et de l'inviter à aller immédiatement [à Kaubœlaphéas] ; le chef des mille au moins eût dû retourner de suite.

[Ne voyant pas revenir les gens qu'il avait envoyés à son fils], le Préas bat srey Sothor envoya pour la seconde fois un amat (3) et mille hommes pour inviter le Préas Angk à venir lui rendre visite, mais, dès leur arrivée près du Préas, tous ces gens-là se firent religieux.

LES PRÉASES DEMANDENT A TÉSANDAR, LE ROI CHARITABLE, SON ÉLÉPHANT BLANC

Il envoya un nouvel amat et mille hommes pour renouveler son invitation, mais cet amat et les mille hommes qu'il commandait imitèrent ceux qui les avaient précédés et se firent religieux.

Il envoya ainsi neuf fois (1) de suite un amat et mille hommes et neuf fois

(1) La leçon tibétaine enseigne que le roi de Kosala prévint Suddhodana que son fils avait reçu, l'Amrita dans son cœur et qu'il se rendait à Sràvastî, et qu'alors le roi avait envoyé un messager lui dire : « Il y a longtemps que le roi a vu le prince, il a soif de voir le prince. » *Extrait du Kandjour*, par Léon Feer, dans *Annales du musée Guimet*, V, p. 93.

(2) La version barmane, plus détaillée, ajoute que le Buddha n'ayant pas de costume religieux pour habiller les nouveaux convertis étendit le bras, et qu'immédiatement tous les objets d'équipement indispensables aux religieux parurent miraculeusement. — *La légende de Gaudama*, par Bigandet, édition de Paris, 1878, p. 181.

(3) Du sanscrit *amatya*, ancien titre de dignitaire, ministre.

(4) Le *Lalita Vistara* réduit ce chiffre à huit messagers et ne parle pas des mille hommes, mais, comme notre texte, il enseigne que les messagers séduits par l'éloquence du Buddha, restèrent avec lui et se firent religieux.

l'amat et les mille hommes se firent religieux du Préas, sans qu'il en revint un seul d'entre eux.

Le Préas bat srey Sothor, très surpris de voir qu'aucun de ses messagers ne revenait, résolut d'envoyer à son fils un réach-amat nommé Téay-amat (1).

— Téay-amat, lui dit-il, moi, je te commande d'aller inviter Préas Sitha (2), mon fils, à revenir [au palais], car de tous les amats que je lui ai envoyés, pas un seul n'est revenu. Je connais ta manière de servir ; tu es intelligent et tu me plais beaucoup. Je t'ai choisi et je t'ordonne d'aller avec mille hommes dans le royaume de Réachéakrus (3) inviter Sitha, mon fils à venir ici. Dès ton arrivée, parle-lui sans plus attendre un instant.

Téay-amat ayant reçu le Préas bantuol (4), se prosterna devant le Préas bat srey Sothor, le salua et partit.

Ayant conduit ses mille hommes au pays de Réachéakrus-borey, il s'en alla trouver le Préas puissant. Il se prosterna devant lui. le salua avec l'intention bien arrêtée de l'inviter à le suivre, mais, ayant entendu les paroles éloquentes que le Préas disait, il oublia les recommandations du roi père et demanda qu'on le reçut. avec ses mille hommes, au nombre des religieux (5).

Le Préas Angk les initia dans le royaume de Réachéakrus et cela fit dix mille religieux. [Le roi père] envoya encore dix mille hommes et ces dix mille hommes ayant suivi l'exemple de ceux qui les avaient précédés, cela fit vingt mille religieux (6).

Cependant Téay-omat ayant été élevé au grade de Préas maha Otéayouthéa (7) tressaillit en songeant (8) qu'il avait été envoyé par le Préas bat srey Sothor

(1) En sanscrit *Udayi-amatya*. Le *Lalita Vistara* lui donne le titre de ministre et le nom de Tcharka, la leçon barmane lui donne le nom de Kaloudari et le représente comme étant né le même jour que le Buddha et comme ayant partagé les jeux de son enfance ; le *Kandjour* tibétain le nomme Udayi et le dit fils d'un purohita (conseiller) brahmane d'origine. — Nous trouverons plus loin son nom autrement altéré que ci-dessus : *Otéay* joint à un titre *Youthéa*. — D'après le *Kandjour* la mission confié à Udayi est provoquée par cette question que le digaitaire pose au roi qu'il trouve très affligé : « Seigneur, pourquoi reste-tu plongé dans tes réflexions, la joue appuyée sur la main. » — Loc. cit. p. 43.

(2) *Siddhirtha* ou *Sarvarthasiddha*, nom personnel du Buddha. — *Siths*, qu'on écrit aussi *Seythéat* et même *Silhéat* est un diminutif caressant de *Sarvarthasiddha*, fait avec les deux premières syllabes.

(3) *Rajagriha*, capitale du Magatha.

(4) Ordre écrit. Le *Kandjour* donne le texte de cette lettre en quatre stances de chacune quatre vers. — Loc. cit. p. 44.

(5) Cette leçon est d'accord avec celle que donnent les sûtra singalais et barmans, mais elle est loin d'être celle connue des tibétains : le *Kandjour* enseigne qu'Udayi entra dans les ordres non sur sa demande, mais après y avoir été invité par le Buddha, puis qu'il partit avertir le roi que le Buddha allait répondre à son invitation.

(6) Les versions singalaises, barmanes et tibétaines ne parlent pas de ces nombreuses escortes ; cela me paraît une exagération cambodgienne.

(7) Je ne sais trop comment interpréter ce titre ; s'il faut y voir le nom Otéay, Téay ou Udayi suivi du titre *youthéa*, chef de troupe, ou bien y voir le titre *thor youthéa* (pour *thorm youthéa*), qui sert encore aujourd'hui à désigner au Cambodge le mandarin chargé de surveiller les religieux et de les poursuivre devant les tribunaux quand ils sont l'objet d'une plainte.

(8) La version barmane enseigne que cet envoyé aurait songé à remplir sa mission sept jours après sa conversion et que le roi lui avait dit : « Que vous deveniez ou non rahan, procurez-moi le plaisir de voir mon fils. »

pour inviter le Préas Angk, son fils, à venir [au palais]. « Que le Préas Angk se rende à l'invitation de son père, se dit-il, ou qu'il n'y réponde pas, il convient que je le fasse connaître au Préas bat srey Sothor. Quoique je sois religieux, si je ne veux m'exposer à recevoir des coups de rotin (1), je ne puis pas demeurer davantage ici, mais avant [de partir], il convient que j'aille immédiatement trouver le Préas Angk et que je l'invite à aller rendre visite à son père. Moi, Préas mâha Otéayouthéa je vais lui parler immédiatement. »

[Ayant alors abordé le Préas, il lui dit] :

— *Phanlé phéakkatéa* (2), ô Préas Angk, la route qui conduit au Kaubœlaphéas-borey est facile à suivre et bien agréable. Les chasseurs d'animaux qui courent les forêts dans toutes les directions font qu'elle n'est point déserte. La brousse a été incendiée et les herbes brûlées répandent une excellente odeur; les plantes poussent sur le bord de la route en alignements agréables. Si vous alliez [au Kaubœlaphéas-borey] tous les religieux vous y suivraient calmes, tranquilles et bien portants.

Le Préas Angk ayant entendu parler ainsi le Préas mâha Otéayouthéa répondit :

— C'est le roi, mon père, qui m'invite à l'aller voir. Puisqu'il en est ainsi, j'irai lui rendre visite dans Kaubœlaphéas-borey; c'est une chose décidée.

Et il donna l'ordre à l'Otéayouthéa d'inviter tous les religieux à le suivre à Kaubœlaphéas-borey. L'Otéayouthéa ayant reçu cet ordre éminent (3) sortit et fut prévenir les religieux d'avoir à se préparer pour le voyage (4).

Tout étant prêt, le Préas Angk partit pour le Kaubœlaphéas-borey et le Préas mâha Otéayouthéa fut chargé de régler la marche (5).

II. — Quand ses parents apprirent que le Préas était rentré dans le royaume

---

(1) Inutile de dire que tous ces détails sont particuliers à la version cambodgienne.

(2) Expression pâli qui commence toujours le prêche d'un religieux et qui signifie : « Je vais parler. » Les bonzes ajoutent quelquefois : « *manéal néakh phâng* », mots cambodgiens qui signifient : « écoutez, vous-autres »; quand l'auditoire est composé de religieux, on dit : « *Phanlé phéakkatéa manéal phik phâng*, je vais parler, écoutez-moi, bikkhus. »

(3) *Préas Maïnol.*

(4) Le *Lalita Vistara* dit que l'amat Tcharka, après sa conversion, revint prévenir le roi père de la visite que le Buddha, son fils, allait bientôt lui faire. — La version barmane enseigne que Kaludari s'éleva dans les airs et s'envola vers la cité de Kapilavastu, afin de prévenir le roi, que celui-ci le renvoya avec un repas pour son fils, qu'il repartit par la même voie, qu'il fit tous les jours la navette entre le père et le fils et qu'il prépara ainsi le peuple des Sâkyas à recevoir le Buddha. — La version tibétaine du *Kandjour* est bien différente : elle enseigne qu'Udayi qui avait mis plusieurs jours à venir à Srâvasti, ne mit qu'un seul jour, « par la puissance buddhique des buddhas, par la puissance divine des dieux », pour retourner à Kapilavastu; en outre Udayi demeure près de Suddhodana et c'est Maudgalyâyana, un autre célèbre disciple, qui transmet aux religieux l'invitation du Buddha à le suivre à Kapilavastu.

(5) Le texte emploie l'expression « fut le conducteur de la route ». Les versions barmanes et tibétaines ne nomment point ce conducteur. Les versions barmanes et singalaises disent que vingt mille religieux accompagnaient le Buddha, et la version singalaise distingue ainsi : dix mille religieux originaires de l'Anga et du Magadha, et dix mille religieux originaires de Kapilavastu. Le *Kandjour* (loc. cit. pp. 43-50) donne une curieuse description de la marche du Buddha.

qui comptait quatre-vingt-quatre villes royales (1), ayant reconnu la suzeraineté du roi père, ils s'empressèrent de lui préparer des haltes d'étapes. Pendant ce temps, le roi ayant appris qu'un terrain appartenant au chau Nikroch kaumar (2) était un lieu convenable et assez vaste pour recevoir une grande multitude, le fit débroussailler, préparer, embellir, puis il envoya dire au Préas qu'il pouvait venir s'y établir.

Cependant que ces préparatifs se faisaient et que le Buddha s'avançait progressivement, quelques rois soumis à l'autorité du roi père pensaient et disaient que le chau Sitha kaumar était bien jeune, qu'il était leur petit frère, leur neveu ou leur petit-fils et qu'il n'était pas convenable qu'ils allassent lui rendre visite et le saluer. D'autres rois ayant entendu ces propos dirent que quiconque se faisait religieux et devenait Préas, si jeune qu'il fût, méritait d'être salué.

— Si nous n'allons pas le saluer, ajoutèrent-ils, le Préas pensera que nous sommes inconvenants.

Certains demandèrent :

— Dans ce cas, qu'allons-nous faire?

D'autres dirent :

— C'est bien simple, prenons des enfants, des garçons et des filles, et chargeons-les d'aller présenter des fleurs au Préas et de les lui offrir. Derrière eux, nous irons ensemble lui faire les salutations d'usage (3).

Le Préas Angk, connaissant l'hostilité des rois dont son père était suzerain et que ses parents avaient décidé de ne pas le saluer, se dit en lui-même.

— Puisqu'il en est ainsi, je vais les obliger tous à me saluer.

Ayant ainsi pensé, il s'éleva dans les airs et répandit sur la tête de tous ces rois et de tous ses parents, de nombreux et agréables rayons lumineux qui émanaient de son corps; puis, de ses pieds, il fit tomber une pluie de sable (4).

(1) Ce nombre est ridicule; le royaume des Sâkyas était un tout petit état, probablement soumis à l'hégémonie des rois de Kosala et qui fut plus tard absorbé par le suzerain. Le *Lalita Vistara* et la version barmane ne parlent pas de la suzeraineté des Sâkyas et le *Kandjour* enseigne qu'à la nouvelle que Sârvarthasiddha avait adopté la vie errante, les rois de la région, sauf celui de Srâvastî cessèrent d'offrir leurs hommages au roi Suddhodana et de lui envoyer des messagers et des cassettes pleines de richesses (loc. cit. p. 38).

(2) Du sanscrit *Nyagrodha kumâra*.

(3) Les autres versions portent traces de cette hostilité, mais alors que le *Kandjour* ne parle pas d'offrandes faites par les enfants, les textes singalais et barmans enseignent que des groupes d'enfants furent organisés afin de rendre plus solennelle l'entrée du Buddha. — *Manuel*, p. 205. — *Légende de Gaudama*, pp. 163-164.

(4) Le *Kandjour* enseigne que ces miracles furent accomplis afin que le père du Buddha pût saluer son fils sans trop s'incliner et pour déjouer l'attente des princes qui, hostiles, étaient venus pour voir lequel des deux, du père ou du fils, s'inclinerait devant l'autre. — La leçon barmane dit que le Buddha se tint au-dessus des têtes de ses parents comme une personne jetant de la poussière et qu'il fit paraître à leurs regards étonnés, sur un manguier blanc, des merveilles de feu et d'eau (loc. cit. p. 164). — La version singalaise parle de rayons de six couleurs, de merveilles d'eau et de feu produites par toutes les parties de son corps, par les quatre-vingt-dix-neuf jointures et les quatre-vingt-dix mille pores (loc. cit., pp. 205-206).

— 13 —

Alors Préas bat srey Sothor, voyant le miracle que son fils faisait par sa toute-puissance, leva les mains pour le saluer (1). Les autres rois voyant que le Préas bat srey Sothor avait levé les mains pour saluer le Préas, levèrent leurs mains et le saluèrent sans retard. Alors le Préas Angk redescendit [à terre] et fut s'établir dans l'endroit qui avait été préparé pour lui. Tous les rois le vénérèrent et les pluies d'eau rouge comme les fleurs du tong-déng tombèrent avec un bruit formidable. Les hommes et les peuples du royaume voyant ces pluies, glorifiaient le Préas, et le louaient à cause des miracles qu'il faisait et de sa grande puissance à produire des pluies. Il est dit dans les

LES PRÉAHS EMMÈNENT L'ÉLÉPHANT BLANC QUE VÉSANDAR LEUR A DONNÉ

baley (2) que si quelqu'un voulait être mouillé [par cette pluie, il l'était et que si quelqu'un ne voulait pas être mouillé, il ne l'était pas (3).

III. — Les phik (4) ayant entendu dire par les habitants qui étaient allés dans le Préas thom sauphéa sala (5), qu'un religieux s'y était assis à la première place (6) en disant : « Combien est devenue grande la puissance de notre

(1) C'est l'anjali, la salutation antique encore en usage en Cambodge.
(2) *Textes*. Le mot *pâli* en langue magadhie veut dire *texte* et n'est pas, comme on le croit généralement en Europe, le nom d'une langue.
(3) Cette pluie, dit la version birmane, avait la vertu de mouiller ceux qui aimaient le Buddha et de ne pas mouiller ceux qui ne l'aimaient pas (loc. cit. p. 168). — La version tibétaine ne parle pas de cette pluie.
(4) Du sanscrit *bhikshu* et du pâli *bhikkus*, religieux, mendiants, bonzes.
(5) On trouve aussi *Thomma seka sauphéa sala*, du pâli *Dhammasâkacha pakâto sâlé*, salle publique de conversation religieuse.
(6) Probablement sur la chaire à prêcher.

Préas. Autrefois il n'était pas ce qu'il est devenu, et voici maintenant qu'il produit des pluies aux belles couleurs. » Les phik se rendirent à la sala.

Le Préas apprenant qu'ils s'étaient rassemblés dans la sala, pensa que ce n'était pas pour autre chose que pour glorifier sa puissance. Alors, il alla à la sala et, s'adressant aux religieux, il leur dit doucement :

— Que faites-vous ici? pourquoi n'êtes-vous pas à méditer?

Les religieux répondirent :

— Nous sommes rassemblés ici pour glorifier votre puissance, ô Préas Angk, parce que nous avons vu que vous avez produit de la pluie de diverses couleurs.

Le Préas leur dit :

— Cette pluie n'est pas une chose nouvelle, une chose d'aujourd'hui seulement; une pluie pareille a eu lieu autrefois au cours d'une de mes existences antérieures (1).

Ayant ainsi parlé le Préas Angk garda le silence.

Un des religieux qui était là, voyant que le Préas se taisait, s'adressant aux autres religieux leur dit :

— Ce que le Préas vient de dire est intéressant, mais pourquoi garde-t-il le silence après avoir commencé à parler? Est-il donc paresseux?

Les autres religieux répondirent :

— Si le Préas garde maintenant le silence, c'est peut-être qu'il attend que nous le priions de nous parler encore.

Alors les Philk qui étaient là levèrent les mains pour saluer le Préas Angk, et le prièrent de continuer son récit commencé.

Le Préas Angk parla ainsi :

I

A cette époque, un roi portant le titre de Sivi Maha réach (2) régnait à Chédok nokor (3). Ce roi avait un fils nommé Chau Sânhchey kaumar (4).

Dès qu'il eût atteint l'âge de seize ans, le roi père lui donna pour épouse la fille du roi Préas bat Makka réach (5), nommée *Sobassop peJey* (6), puis il

---

(1) La version birmane fait dire au Bouddha : « Ce n'est pas la première fois que ce phénomène se manifeste; la même chose arriva pendant une de mes existences antérieures, quand j'étais le prince Vésantara ». Puis le rédacteur ajoute : « Il continua, racontant les particularités les plus intéressantes de ce premier (?) état d'existence ». *Loc. cit.*, p. 168.

(2) Du pâli *Sivi mahâ râja*, le grand roi de Sivi.

(3) Du pâli *Jetuttara nagara*, capitale du *Sivi rattha*, ou royaume de Sivi.

(4) Du pâli *Sanja Kumâra*, le prince Sânjo.

(5) Du roi du Magadha dont la capitale était Râjagriha.

(6) En pâli *Pasali*; en sanscrit *Suprabhâ*, « très éclatante ». Ce nom lui fut donné parce qu'elle naquit

abdiqua le pouvoir et le mit sur le trône à sa place. Cette femme de Sânhchey kaumar était d'un rang supérieur aux seize mille (1) autres femmes du palais, parce qu'elle avait, au cours d'une existence antérieure, fait des bonnes actions religieuses et mérité, par elles, d'être placée au-dessus des autres femmes. Voici l'histoire de cette femme.

À une époque [plus éloignée] il y avait un Préas nommé Préas Put Vippedey srey Sâmân (2), qui habitait la Khêma-Mittœtéapon (3), dans le royaume de Ponthasméadey (4), où il allait d'ordinaire recevoir des aumônes. Cette forêt magnifique, peuplée de pélicans, de paons, de poules d'eau, de faisans, de sarcelles et de grands perroquets ; les mares qu'on y trouvait et les rivages étaient agréables ; il y avait en grand nombre des arbres fruitiers : manguiers, jaquiers, krâsang (5), pângros (6). Ceux qui habitaient cette forêt avaient le teint coloré de belles couleurs ; ceux qui avaient des ennemis, qui redoutaient quelque chose, quels qu'ils fussent, quand ils venaient dans cette forêt, y trouvaient le bonheur et leurs craintes disparaissaient.

Le roi Préas bat Ponthamit réach (7) qui gouvernait le Ponthamit nokor (8) avait deux filles.

Un autre roi, vassal de Préas bat Somonta réach (?) remit à un amat des fleurs d'or et des khlœm chan (9) et le chargea de porter ces présents aux filles du roi son suzerain. L'amat remit les khlœm chan à la fille aînée, et les fleurs d'or à la cadette. Alors les deux filles ayant décidé d'offrir au Buddha ce qui venait de leur être donné, furent trouver leur père et lui dirent :

— Nous allons toutes les deux, si vous le permettez, aller offrir au Préas ces khlœm chan et ces fleurs d'or.

Préas bat Ponthamit réach, ayant entendu cette demande, répondit :

— *Sâthu* (10).

fille belle, admirable, charmante, parée d'un ornement divin, un joyau de pierre précieuse fixé à sa gorge et d'où s'échappait une clarté qui illuminait tout Srâvastî. — Voyez Léon Feer, *Avadâna Çataks*, dans *Annales du musée Guimet*, XVIII, 350-362.

(1) Ce nombre de seize mille femmes se retrouve souvent dans les contes. Un conte qui fait partie du *Tray-Phûm* et que je donnerai dans ma traduction de cet ouvrage sous le nom de *Çri Dahmmâçola*, parle d'une reine, néang Asantakmitta, qui a seize mille compagnes.

(2) L'éminent Buddha Vipasyi, le bienheureux Samana (ascète) un prédécesseur du Buddha Siddhârtha qui habitait la forêt Bandhumatienne dans le royaume de Bandhumati.

(3) Du sanscrit *Kséma-mathyasthita-vana*, fortunée forêt du centre.

(4) *Bandhumati*.

(5) Petit arbre à bois épineux, qui porte des fruits aigres gros comme des petites pommes, qu'on emploie à faire les sauces piquantes.

(6) Arbre qui porte des fruits gros comme le pouce qu'on emploie dans la confection des sauces piquantes.

(7) En pâli restitué *paro pada Bandhumati râja*, le roi, éminente base du Bandhumat.

(8) En pâli *Bandhumati nagara*, le royaume de Bandhuma.

(9) Cœur du santal (*candana*), bois odorant qu'on brûle dans les temples et que les annamites nomment *kynâm*.

(10) Expression pâli, *bien* qui peut se traduire en latin par *amen* et en français par *ainsi soit-il*. C'est le mot que prononcent les gens qui prêtent le serment judiciaire de dire toute la vérité, après la lecture

Et il les autorisa à recevoir les objets qu'on leur avait apportés afin qu'elles pussent les offrir au Préas.

La fille aînée ordonna à l'amat de prendre le khlœm chan et de le broyer en très petits morceaux, et la fille cadette demanda aux ouvriers de faire un bijou qu'on porte sur la poitrine. Quant tout fut prêt, les deux sœurs mirent chacune dans une boîte ce qu'elles voulaient offrir, puis elles s'acheminèrent vers la forêt de Kkéma-Mittœtéa. Y étant parvenues et ayant aperçu le Préas dans sa cellule, elles furent à lui et lui offrirent l'une le khlœm chan, l'autre le joyau de poitrine. Ce faisant, la sœur aînée dit ces paroles :

— Moi, j'apporte le khlœm chan et je vous l'offre afin d'être Préas Kanlong Préas (1) au cours de ma prochaine existence.

La sœur cadette dit à son tour :

— Moi, j'apporte un joyau d'or pour orner la poitrine et je vous l'offre, afin de renaître la prochaine fois avec un joyau d'or sur la poitrine.

Puis elles se retirèrent et rentrèrent au palais de leur père.

Longtemps après ces deux princesses moururent et montèrent au paradis. Du paradis, la sœur aînée reprit naissance [sur la terre] et devint la Préas Konlong Préas, nommée néang srey Maha Méayéa (2). La sœur cadette renaquit aussi et fut l'épouse d'un roi nommé Préas bat Kàng Kossa réach (?). Comme elle naquit avec un joyau d'or sur la poitrine, on lui donna le nom d'Ochhék kaumar (3).

Après leur mort, ces deux princesses montèrent au paradis.

Le roi Préas bat Kàng Kossa réach eut sept filles nommées : — néang Someney, — néang Sómónóköta, — néang Phikkhuney, — néang Téasey, — néang Samar, — néang Sotthoméa, — et néang Bukota (4). Elles moururent et renaquirent contemporaines du Préas Sàmana Kodon (5) et furent : — néang Khéma Phikkhuney (6), — néang Obalpottharey (7), — néang Bateschhara (?), — néang Kottamey khsattrey (8), — néang Thomméatéka (?), — néang srey Maha Méayéa (9), — et néang Peysàkha (10).

qui est faite par l'achar en présence du génie le plus redouté de l'endroit. — Voyez mes *Recherches sur la législation criminelle des Cambodgiens*, pp. 107-110.

(1) Probablement, « le lieu de passage d'un buddha », c'est-à-dire le ventre par lequel un buddha passe avant de renaître ; le mot *kpnlong* en cambodgien signifie « passage ».

(2) En pàli et sanscrit *Sri mahà màyà*.

(3) Probablement du sanscrit *djdyé*, je brille (?), dont la racine est *dj*, briller.

(4) Voici la signification de ces noms : — néang Samani, dame Samanà, nom d'une fleur ; —

(5) *Sàmano Gotama*, l'ascète de la famille des Gotama, le buddha des Sàkyas.

(6) *Kséma bhikkhuni*, fortunée, religieuse, fille du roi Prasenajit, qui se fit initier par le Buddha et fut dite « la première des auditrices en sciences et lumière ».

(7) Probablement la bikkhuni *l'Upalsvarnà*, née à Sevet, d'une famille noble, qui était d'une si grande beauté que son père la voulait donner comme épouse soit au roi, soit à un haut dignitaire et la refusa à tous ceux qui vinrent la lui demander. Cela fit tant d'ennemis que Utpalavarnà résolut de s'adonner à la vie ascétique. Le Buddha l'initia plus tard.

(8) *Gautami*, la tante du Buddha, sœur de sa mère et seconde femme de son père.

(9) *Mahà Màyà*, la mère du Buddha.

(10) *Visàkhà*, belle-fille de Mrigàra ; on l'a dit quelquefois sa mère, parce qu'elle l'amena au Buddha dont elle était une adepte fervente.

On ne parle pas ici de six des sept filles dont les noms viennent d'être donnés, mais on parle de néang Sotthoméa qui [étant morte], à sa renaissance, répandit autour d'elle une agréable odeur de khlœm chan. Elle répandait cette odeur parce que, au cours d'une existence antérieure, elle avait offert du khlœm chan au Préas (1); c'est pour cette raison qu'on lui donna le nom de Sobassoppedey. A sa mort, elle monta au paradis et devint l'épouse du Préas bat Eyntréa (2).

Quand elle fut sur le point de mourir au paradis, le Préas bat Eyntréa savait qu'elle allait mourir et qu'elle allait renaître dans le royaume du milieu (3).

Néang Sobassoppedey était étendue sur son lit; Préas bat Eyntréa vint s'asseoir près d'elle et se mit à la complimenter sur la beauté de son corps, puis il lui dit :

— Forme maintenant un souhait en dix articles, il sera exaucé.

(1) Elle était alors, on l'a vu plus haut, la fille aînée du roi de Bandhumati; elle offre au Préas Vipasyi un présent de cœur de santal, émet le vœu d'être au cours d'une prochaine existence mère d'un Préas, renaît fille du roi Kâng Kossa réach et de néang Ochhet Kauma, sous le nom de néang Sotthoméa: elle meurt et renaît sous le nom de Sobassoppedey qu'elle a déjà porté, est la mère du roi Vésantara, meurt et renaît une dernière fois pour être Mâyâ devi, la mère du Buddha. Le *sdira du roi Chés-Ly*, que j'ai donné dans *Cambodge, Contes et Légendes*, fait naître cette femme d'un roi de Kaubzlaphéas et lui donne le nom de Srey mâha Méayéa Léak (en pali *sri mahâ mâyâ lakkhanâ*, bienheureux signe de la grande illusion). — Voyez pp. 32-34 en ayant soin toutefois de faire les corrections suivantes : p. 32, dernière ligne, p. 33, lignes 16, 21 et 25, lire *Kaubzlaphéas* au lieu de *Térolongka*; et p. 34, ligne 2, lire *Térolongka* au lieu de *Kaubzlaphéas*.

(2) Indra.

(3) La contrée centrale de l'Inde.

Mais néang Sobassoppedey ne sachant pas qu'elle allait mourir se fâcha contre lui et lui dit :

— Je ne vous ai pas offensé, pourquoi venez-vous me troubler dans cet endroit agréable où j'étais si tranquille ?

Eyntréa sachant qu'elle allait bientôt perdre connaissance, lui répondit :

— Tu ne m'as pas offensé, mais je t'aime et je suis venu à toi parce que tu vas bientôt mourir.

Sobassoppedey, comprenant alors qu'elle allait mourir, formula le souhait suivant en dix articles.

— Je demande de devenir l'épouse d'un Préas bat srey Phiréas roi du Chélok mâha nokor (1) ; — je demande que mes yeux soient beaux et que mes mains soient aussi belles que si elles étaient peintes par un dessinateur ; — je demande que mon nom soit Sobassoppedey ; — je demande d'avoir un enfant mâle qui soit roi et que tous les rois le vénèrent ; — je demande que mon ventre ne soit pas gros quand je serai enceinte ; — je demande que mes mamelles ne s'allongent pas quand j'allaiterai ; — je demande que mes cheveux ne tombent pas de ma tête à mesure que j'avancerai en âge ; — je demande qu'ils soient joliment noirs ; — je demande que mon teint soit d'une belle couleur ; — je demande qu'il y ait autour de ma demeure des paons et des cygnes qui chanteront agréablement et qu'il y ait beaucoup de femmes à mon service.

Le Préas bat ayant entendu ce souhait en dix articles dit à néang qu'il serait exaucé et néang mourut heureuse et joyeuse.

Néang Sobassoppedey qui avait reçu le *por* (2) du Préas Eyntréa dans le ciel, se réincarna sur terre (3) et après dix mois complets de gestation fut la fille du Préas bat Makka réach (4). Quand elle naquit, et toute sa vie, elle fut infiniment supérieure en beauté à tous les autres enfants, à toutes les autres femmes, parce qu'elle avait [au cours d'une existence antérieure] offert du khlœm chan au Préas [Vipasyi]. Ses père et mère lui donnèrent le nom de Sobassoppedey [inconsciemment, mais en exécution de la promesse qu'Indra lui avait faite].

Parvenu à l'âge de seize ans, le Préas bat Sivi moha réach la demanda et l'obtint du Préas bat Makka réach ; il la fit épouser par [son fils] le chau Sânhchey kauma (5), puis il lui remit le pouvoir et les biens royaux. C'est ainsi que néang Sobassoppedey devint reine au-dessus de seize mille autres femmes

---

(1) C'est-à-dire d'un roi de Chettada, le grand seigneur des Sivi.

(2) Bénédiction souvent accompagnée soit d'un souhait, soit d'une autorisation, soit d'un don.

(3) La version singalaise enseigne qu'elle avait eu le désir d'être la mère d'un buddha pendant quatre asankyas et plus de cent mille ans. L'asankya est l'unité année suivie de cent quarante zéros.

(4) Du roi du Magadha dont il est parlé plus haut.

(5) *Chau*, mot cambodgien signifiant « seigneur » ; *Sânhchey* du pâli *Sanjaya* ou *Sanji*, victorieux, est un nom propre ; *kauma*, du pâli *kaumâra*, jeune garçon, prince.

[du palais], ses suivantes, et la bien-aimée du chau Sânhchey kauma (1).

Vers cette époque, Préas bat Eyntréa thiréach (2), sachant que néang Sobassoppedey avait obtenu tout ce qu'elle lui avait demandé et qui correspondait à son âge, sauf une chose, un enfant, pensa ainsi en son cœur : « Puisqu'elle n'a pas encore l'enfant que je lui ai promis, je vais moi-même le lui procurer. » Ayant ainsi pensé, le Préas En (3) invita le Préas Puthisat (4) à aller se réincarner au royaume de Chédok (5), dans le sein de néang Sobassoppedey, puis il donna l'ordre à soixante mille tévobots (6) d'aller se réincarner dans le sein des soixante mille femmes des amats (7).

Le Sâmdach Eyntréa (8) étant de retour dans son paradis [des trente-trois dieux], le Préas Puthisat fut se réincarner dans le sein de Sobassoppedey qui, ayant un grand cœur, ne voulait de l'or et de l'argent que pour le donner en aumônes aux mendiants (9).

Néang Sobassoppedey fit élever six grandes salles; une à chacune des quatre portes de la ville royale correspondant aux quatre points cardinaux, une au centre de la ville, et une autre devant la porte du palais. Deux fois par jour elle y faisait distribuer des aumônes, environ 100.000 dâmkeng (10) d'or et d'argent.

Le Préas bat srey Sânhchey, son époux, voyant que la reine faisait distribuer de grandes et nombreuses aumônes, fit appeler le préahm (11) afin d'apprendre de lui les existences antér:eures de la reine et de savoir pourquoi elle ne voulait faire aux mendiants que des aumônes d'or et d'argent. Le préahm devina (12) que la reine aurait un enfant doué d'une grande puissance, dont la

(1) Afin de suivre le texte je continue d'appeler le jeune roi chau Sânhchey kauma; toutefois je dois faire observer que monté sur le trône son nom devait être ainsi modifié Préas bat Sânhchey Makka réach. — *Kauma*, qui signifie jeune garçon, prince, ne peut convenir à un roi.

(2) En pâli restitué *paro*, éminent; *pâda*, pied, base; *indrâdhirâdja*, Indra roi suprême.

(3) Autre forme du nom d'Indra, qu'on écrit aussi Entréa.

(4) Du pâli *Boddhisatta*, sanscrit *Boddhisattva*.

(5) Nous avons déjà trouvé ce nom sous cette forme; le *sâtra du roi Chêt-Ly* (loc. cit'.. donne cette leçon *Chêttata srey Phiréas*. Quoi qu'il en soit de ces leçons, il s'agit ici de *Jetattar: a Jayatura*, la capitale du roi Sânhchey.

(6) Du pâli *devaputo*, fils de dieu.

(7) Du sanscrit *grashmat*, ancien titre qui parait désigner les dignitaires en général, ceux qu'on pourrait appeler les chefs du peuple.

(8) Du pâli *sossati Indra*, maitre suprême. Indra.

(9) Il me semble que l'arrangeur de ce *jâtaka* fait une confusion plus haut en attribuant le khlem chau à celle des sœurs qui devait être Sobassoppedey. Ce mot désignerait mieux « la femme au joyau d'or » que la « femme au parfum ». En outre un *avadâna* que M. Léon Feer a donné dans les *Annales du Musée Guimet*, XVIII, et qui a pour titre *Suprabhâ*, donne exactement à *Suprabhâ*, notre Sobassoppedey, les vertus qu'on lui donne ici et la représente comme ayant offert un bijou au buddha Vipasyi et comme devant être la mère du buddha Siddhârtha Gotama.

(10) Le *dâmleng* ou *tomleng* vaut 37 grammes 5o.

(11) Le brahmane. Je crois qu'il faut lire ici le *hora préahm*, c'est-à-dire le brahmane astrologue. *Hora* ou *hor* est la forme cambodgienne du pâli *horâpâthako*, celui qui lit [dans les astres].

(12) J'emploie le mot *deviner* à dessein, parce qu'il rend très bien le mot cambodgien *tây* que donne le texte, mais avec la pensée qu'on le prendra comme un dérivé du mot « devin ». J'aurais pu aussi traduire *tây* par « interpréta » ou par « traduisit ».

renommée s'étendrait dans tous les royaumes et auquel beaucoup d'autres rois viendraient se soumettre et apporter des présents (1). Préas bat srey Sânhchey, ayant entendu cette prédiction du préahm, se montra si joyeux qu'il fit prendre [dans son trésor] beaucoup d'or et d'argent et fit distribuer de nombreuses aumônes.

II

Parlons ici du Puthisat qui est autrefois venu se réincarner dans le sein de néang Sobassoppedey, dont la renommée s'était répandue dans tous les royaumes d'où venait l'or et l'argent qu'on offrait au Préas bat srey Sânhchey.

Quand néang Sobassoppedey fut à la fin de son dixième mois de grossesse, le Préas bat srey Sânhchey, son mari, fit aménager son palais et le fit aussi beau que le paradis habité par les tévôdas. Puis, pour donner satisfaction à un désir exprimé par la reine, il la fit asseoir sur un joli lit et la fit cérémonieusement porter autour de la ville royale. Au cours du troisième tour la reine enfanta sur la route (2), au milieu des marchands, des vendeurs et des acheteurs.

Quand le Préas Puthisat sortit du sein de sa mère, il lui demanda :

— Mère, que ferez-vous pour avoir beaucoup d'or afin que je puisse faire de grandes aumônes ?

Sa mère lui répondit :

— Mon enfant, l'or ne vous manquera pas.

Puis elle lui remit 100.000 dâmloeng d'or. Le Préas Puthisat les distribua

(1) On voit que l'astrologue ne répond pas à la demande du roi. Un bonze auquel je le fais remarquer me répond : « L'astrologue ne répond pas à la demande du roi parce qu'on ne peut pas lire le passé dans les astres, mais l'avenir seulement. »

(2) Les textes pâlis donnent à cette route le nom de Vessana et font dériver du nom de cette voie le nom de Vessantara; qui, dans ce cas, signifierait « venu de la rue Vessana ». C'est un peu ce que dit notre texte, moins clairement peut-être. — *Les mémoires de Hiouen-Thsang* que Stanislas Julien a traduits du chinois, parlent incidemment de Vessantara mais lui donnent le nom de *Sou-ta-na*; d'autre part un livre chinois qui porte le titre de *Tai-men-Sin-ta-na-king*, sûtra du prince royal Sintana, lui donne le nom de *Sin-ta-na*. (Voyez Bunyu Nanjiyo, son catalogue au numéro 254). M. Léon Feer comparant ces diverses leçons pense que le nom chinois *Sin-ta-na* qu'il paraît préférer à *Sou-ta-na*, vient de *stana* sein, et qu'il a pour raison un prodige que raconte la version chinoise, mais dont ne parlent pas les diverses versions de l'Eglise du Sud. Voici ce prodige : Le père avait vingt mille femmes (notre texte dit seize mille) et pas de fils. Voulant avoir un fils, il invoqua les esprits des temples, fit des pèlerinages aux montagnes et aux fleuves et l'une de ses femmes eut un fils (notre version attribue un fils à la reine, l'épouse principale, et fait intervenir Indra). Les autres femmes ne furent pas jalouses ou ne le furent que vertueusement; elles sautèrent de joie et le lait sortit spontanément de leurs seins, d'où il apparaissait que chacune d'elles aurait voulu être la mère et la nourrice du nouveau-né, lequel en raison de cette circonstance fut nommé *Sin-ta-na*. (Voyez M. Léon Feer, *Le prince Sou-ta-na des mémoires de Hiouen-Thsang* dans *Actes du sixième Congrès international des orientalistes*, session de Genève, 1894, page 181. — De tout cela il résulte que les Chinois donnent à notre héros un nom tiré d'un prodige qui accompagna sa naissance, et l'Eglise du Sud de la rue où il naquit.

immédiatement en aumônes. Quand le Préas Puthisat renaquit comme Préas Mohâs (1), quand il renaquit comme Préas Vésandâr (2), quand il renaquit comme Préas Sithat (3), il fit à sa mère chaque fois la même demande.

Préas Puthisat étant né au milieu de la route reçut le nom de Préas Vésandâr. C'est à cause de ce nom qu'il disait au Sarabotta thér (4) :

— Je m'appelai Préas Vésandâr ; ce n'est pas parce que mon père ou ma mère aimaient ce nom et l'avaient choisi, mais parce que j'étais né au milieu de la rue des commerçants, et que tous mes parents et les commerçants m'avaient donné le nom de Préas Vésandâr.

LES GENS DE NÉABOL-NONOR VIENNENT OFFRIR LA COCROSSE DE LEUR PAYS À VÉSANDAR

Au moment ou le Préas Puthisat renaissait de néang Sobassoppedey, un éléphant femelle qui conduisait un petit éléphant blanc, le lui amena et repartit sans l'emmener avec elle. Ce petit éléphant blanc devint l'éléphant du prince Puthisat et porta le nom de Préas Chey Néakèn (5).

Le Préas bat srey Sânhchey fit choisir pour son fils soixante-quatre nourrices très belles.

Quand le Préas Puthisat fut grandelet, son père le fit habiller avec les plus belles étoffes qu'on trouva ; ayant porté un instant les beaux effets qu'on lui avait donnés, il s'en dévêtit et les offrit en aumônes aux nourrices, mais celles-ci

(1) Ou *Préas Mohôsoth*, une des incarnations antérieures du Buddha. La vie de Préas Mohôsoth forme un très gros livre dont je donnerai prochainement la traduction.

(2) En pâli restitué *l'essantara*, c'est l'histoire de Vessantara qui va être contée ici.

(3) *Siddhârtha*, est le nom personnel du buddha des Sakyas.

(4) *Sâriputra théra*, le vénérable Sâriputra, un des deux principaux disciples du Buddha.

(5) L'éléphant victorieux, du sanscrit *Jayi Nâgin*.

n'osèrent pas les prendre, et furent prévenir le roi. Préas bat srey Sanhchey leur répondit : « Puisque mon fils vous offre ses vêtements, vous pourrez les recevoir. »

Quand le Puthisat eut huit ans, il alla se promener à un prâsath (1) voisin et se prit à songer. Ayant médité longtemps, il fit le vœu suivant :

« Si quelqu'un vient me demander ma tête, dit-il, je la couperai et la lui donnerai en aumône; si quelqu'un vient me demander mes yeux, je me les arracherai et je les lui donnerai; si quelqu'un vient me demander mon foie, mon fiel, mon sang, je m'ouvrirai la poitrine pour m'arracher le foie, le fiel et le sang et j'en ferai l'aumône; si quelqu'un me demande en personne pour faire de moi son esclave, je me consolerai moi-même et j'irai avec cette personne-là pour être son esclave. »

A l'instant où le Préas Angk (2) songea ainsi, toute la terre fut violemment ébranlée, les eaux de la mer bouillonnèrent, les vagues, les flots se soulevèrent dans les quatre océans, et les Sathabâriphon (3), dans un sentiment de tendresse se touchèrent par leurs sommets.

A seize ans, le Préas Vésandar apprit le *Tray Phéth* (4) qui raconte la création de la terre; puis Préas bat srey Sanhchey, son père, et néang Sobassoppedey, sa mère, lui donnèrent pour épouse néang Métri (5) qui était de la race du roi Préas bat Mathuréas (6), et néang Métri devint supérieure aux seize mille autres femmes [du palais]. Le Puthisat (c'est-à-dire Vésandar) reçut alors le pouvoir et remplaça son père sur le trône. Le Préas Angk ne s'occupait que d'aumônes et distribuait pour 20.000 dâmleng d'or par jour dans les six salas [que sa mère avait fait autrefois élever].

Peu de temps après [son mariage], néang Métri devint grosse; dix lunaisons après, elle mit au monde un garçon auquel on donna le nom de Chuly (7). Lorsque ce prince fut grandelet néang Métry eut un autre enfant; ce fut une fille à laquelle on donna le nom de Krésanar (8).

(1) Du sanscrit *prâsâda*, château.

(2) Précieux corps.

(3) Du pâli *satis*, sanscrit *khandhas*, ceintures. C'est le nom qu'on donne aux chaînes de montagnes concentriques du mont [Méru].

(4) Le *Tray Phéth* que les Cambodgiens connaissent aujourd'hui est un petit sûtra de quarante-une olles qui ne rappelle point les revus brahmaniques. Je donnerai plus tard la traduction du texte de ce sûtra.

(5) Les textes pâlis donnent à cette princesse le nom de *Matri* et les textes birmans le nom de *Madi*. Mon *Sûtra du roi Chês-Ly* donne à cette princesse le nom de *Métri Méri-Déri*, dont *Méri* est une altération, désigne un dieu femelle, une reine; on dit aussi *Méry*.

(6) Roi de Mathura; les textes pâlis disent qu'elle était fille du roi de Chétiya et que ce pays de Chétiya et la cité de Jayatura deviennent plus tard un seul et même pays probablement sous deux rois, mais sous deux rois alliés, parce que plus tard nous voyons dans la version pâli, mais non dans la version cambodgienne, le roi de Chétiya, beau-père de Vésandar, offrir son trône à son gendre exilé et mettre des gardes autour du prâsath qu'il habite dans la forêt avec sa femme et ses enfants.

(7) Un autre sûtra cambodgien, le *sûtra du roi Chês-Ly*, que j'ai donné en 1894, dans *Cambodge, Contes et Légendes* orthographié *Chês-Ly* ou *Chisly*. Les textes pâlis donnent *Jâli*.

(8) Le *sûtra du roi Chês-Ly* que je cite plus haut lui donne le nom de *Kâng-ha* qui est le pâli altéré *Kanhâ jina*; D'autres textes pâlis donnent encore à cette princesse le nom de *Krishnajina*, dont *Krésaar* et plus loin *Krésas* paraissent l'altération.

III

En ce temps-là le Préas Vésandâr, monté sur son éléphant blanc, le Préas Chey Néakèo, allait sans jamais y manquer, visiter six fois par mois les six salas où il avait l'habitude de faire des aumônes.

Or, à cette époque une nation voisine (1), dont le sdach prohm (2) avait nom Krasvéa, était désolée par une grande famine ; les pluies n'étant pas venues, les insectes avaient dévoré la semence et la récolte avait été des plus mauvaises (3). Le peuple de ce royaume, ne pouvant plus supporter la disette affreuse qui sévissait, s'était mis à faire de la piraterie pour vivre ; on tuait, on assassinait ceux qu'on trouvait avec une corbeille de paddy afin de la leur enlever ; on prenait de même le riz qui cuisait dans la marmite. Il n'y avait plus ni tranquillité, ni calme, ni joie dans ce royaume. Alors les mandarins et les fonctionnaires, après avoir délibéré ensemble, décidèrent de se présenter au roi. S'étant présenté à lui, ils lui dirent :

— Maintenant que les habitants du royaume souffrent d'une grande famine, ô roi, qu'allez-vous faire ? Si vous ne faites rien pour eux, vous les verrez bientôt mourir de faim.

Le roi dit alors :

— S'il en est ainsi, attendez. Je vais observer un jeûne de sept jours et demander de la pluie. Essayons d'abord de ce moyen.

Ayant ainsi parlé, le roi laissa les dignitaires et les fonctionnaires retourner chez eux puis il monta sur son prasath (4), se vêtit de blanc et observa un jeûne de sept jours afin d'avoir de la pluie [pour son royaume]. Ce fut en vain, il ne tomba pas une seule goutte d'eau. Il fit alors venir les dignitaires et leur dit :

— Je suis resté sans manger pendant sept jours, espérant de la pluie, mais pas une seule goutte d'eau n'est venue. Qu'allons nous faire maintenant ?

Les séna botdey (5) et tous les autres dignitaires du palais répondirent au roi :

(1) Les textes pâlis lui donnent le nom de *Kalinga*, c'est le Boundhalkhan actuel. *Kalinga*, est le nom qui sert au Cambodge à désigner l'Inde entière ; il est actuellement le nom des habitants de l'Inde méridionale. Mais dans le *Tray-Phûm*, de même que dans le *Mahâbhârata* (*Karnaparva*, 41, et *Dig-Vijaya*, 976-977), il semble désigner le *Kylindrine* de la Géographie de Ptolémée, et pouvoir être placé aux environs de la Yamunâ et de la Gangâ. C'est bien là en effet que ce pays devrait se trouver pour concorder avec notre légende.

(2) Le roi brahmane.

(3) C'est une notion générale au Cambodge que l'inondation détruit les insectes nuisibles à l'agriculture et que, sans elle, les semences seraient dévorées.

(4) Sur la terrasse de son palais.

(5) C'est-à-dire les membres du Conseil royal. *Séna-botdey* peut signifier Conseil des sages, des savants (*bodhi*) de la terre (*dey*). La première hypothèse me parait la plus vraisemblable.

— Nous avons entendu dire que le Préas bat Vésandâr, fils de Préas bat Srey Sanchey qui régnait à Chédok-nokor, et qui est un grand distributeur d'aumônes d'or et d'argent, possède un éléphant blanc nommé Préas Chey Néakên. On assure que cet éléphant jouit de la propriété de donner au royaume qu'il habite, des pluies, de belles récoltes, du riz, de l'or et de l'argent en abondance.

Le roi préahm ayant entendu ce que les dignitaires venaient de lui dire, devint très joyeux et choisit les huit préahm dont voici les noms : Réam-préahméa, chef de la mission, Thuk-préahm, Lakkhan-préahm, Chotésmon-préahm, Nhonh-préahméa, Sukchéat-préahm, Sayéam-préahm et Sophéak-préahm.

Ce choix fait, il les chargea d'aller demander au roi Vésandâr son éléphant blanc.

Réam-préahm avait été nommé chef par le roi, parce qu'il était intelligent, habile, et savait parler toutes les langues avec talent, plaisait à tout le monde et pouvait partout gagner sa vie.

Ces huit préahm étant partis arrivèrent dans le Chédok-nokor et s'arrêtèrent dans une sala que le prince Vésandâr avait fait construire pour y donner des aumônes, ils y firent cuire leur riz, puis se couchèrent. Le lendemain matin, le Préas bat Vésandâr ayant déjeuné, s'habilla et, monté sur son éléphant blanc, se rendit à la sala des aumônes. Les huit préahm virent une foule si compacte de gens qui étaient venus là demander l'aumône qu'ils ne purent parvenir jusqu'au Préas bat Srey Vésandâr pour lui demander son éléphant blanc. Ils sortirent de la sala, et allèrent l'attendre à la porte sud de la ville royale, se tenant debout sur une petite butte de terre. Préas bat Vésandâr se présenta à cette porte quelques instants après; les huit préahm en le voyant se mirent à genoux, levèrent leurs mains jointes au-dessus de leur tête et firent le sâmpéas (1) en disant ce kéatha (2) :

— *Chékyon lok phâk râng, chékyon lok phâk râng* (3).

Le Préas bat Srey Vésandâr, à la vue de ces huit préahm, conduisit son éléphant vers eux, et leur dit :

— Préahm, je vous vois. Vous avez tous l'air mal portants; vos corps sont laids et de la couleur de la terre et du sable; vos ongles sont longs et vos dents sont blanches. Vous me dites : *Chékyon lok phâk râng ! Chékyon lok phâk râng !* Que voulez-vous dire en me disant : *Chékyon lok phâk râng ! Chékyon lok phâk râng ?*

Les préahm répondirent :

---

(1) Le salut, du malais semhah. C'est la salutation hindoue comme sous le nom d'anjali.
(2) En sanscrit-pâli gâthâ, stance.
(3) Je ne puis traduire cette phrase.

Nous venons vous demander votre éléphant parce qu'il est beau, parce qu'il a de belles défenses, et parce que sa taille est haute (1).

Le Préas bat Vésandâr ayant entendu leur demande, répondit :

— O Préahm, je donne tous les jours avec générosité, je n'ai jamais rien refusé aux mendiants. Voki maintenant que vous venez me demander mon éléphant, je vais vous le donner.

Alors Préas bat srey Vésandâr descendit de son éléphant nommé Préas Chey Néakèn et le donna aux Préahm avec tout son harnachement, les anneaux qui ornaient ses quatre pieds et qui coûtaient 400.000 dâmlœng d'or, l'ornement

des côtés qui valait 200.000 dâmlœng d'or, le sâmpot (2) dont il était couvert et qu'on estimait valoir 100.000 dâmlœng d'or, les ornements qui couvraient ses joues qui valaient 300.000 dâmlœng d'or, celui de son cou qui coûtait 100.000 dâmlœng d'or, ceux qui ornaient ses deux larges oreilles qu'on estimait à 200.000 dâmlœng d'or, ceux qui ornaient ses deux défenses et qui valaient 200.000 dâmlœng d'or et divers objets. Les instruments qui servaient au harnachement de cet éléphant et qu'il donna coûtaient ensemble 2.410.000 dâmlœng d'or. L'éléphant valait lui-même une somme inestimable.

(1) La version singalaise donne une leçon différente : elle enseigne que les brahmanes lui dirent l'objet de leur mission, et ici il semble qu'ils ne font que lui demander son éléphant, sans lui dire d'où ils viennent et pourquoi ils le demandent.

(2) Étoffe.

Le Préas bat Vésandâr donna aussi le pĕt-mâr (1) et les 5oo trâméak (2) qui le soignaient.

Lorsque Préas bat srey Vésandâr fit l'aumône de cet éléphant aux préahm, il y eût un tremblement de terre.

Les préahm, ayant reçu du roi l'éléphant qu'ils lui avaient demandé à la porte sud de la ville royale, montèrent dessus et, s'y tenant groupés et serrés, lui firent traverser la ville sous les yeux des habitants surpris, qui disaient en le voyant :

— Où ces préahm ont-ils pris cette très belle bête?

D'autres couraient après eux et leur demandaient :

— Comment vous êtes-vous procuré ce bel éléphant ?

Et les préahm répondaient :

— De quel droit nous interrogez-vous? Cet éléphant vous appartient-il? Cet éléphant est celui que le Préas bat srey Vésandâr nous a donné en aumônes et que nous emmenons. Pourquoi venez-vous nous interroger? Voulez-vous des poignées de main ?

Les préahm en parlant ainsi ne cessaient de conduire l'éléphant vers la porte nord de la ville royale, et tous ceux qui les voyaient étaient très fâchés contre le Puthisat (Vésandâr). Ils se rassemblèrent sur les bords du préas léan (3) et discutèrent à haute voix; tout le monde reprochait au Puthisat d'avoir donné aux préahm l'éléphant Préas Chey Néakên. Toutes les srey préas samnâm, les krômokar, les néay sês, les néay dâmrey (4) et tous les gens du peuple étaient mécontents du Préas bat Srey Vésandâr. Toute cette foule fut alors trouver le roi Préas bat srey Sânhchey, son père (5), et lui dit :

— Préas bat srey Vésandâr, votre fils, depuis qu'il est monté sur le trône n'a pas fait son devoir [de roi], il n'a pas agi selon la loi et selon les coutumes anciennes. En outre, il vient de donner l'éléphant blanc à des préahm, et avec l'éléphant, le pĕt-mâr (6), les cornacs qui sont cinq cents. Nous autres nous voyons bien par tout cela que le Préas Angk (7) a tort de laisser son fils, le Préas bat srey Vésandâr, régner à sa place. Il n'en est pas digne. Préas bat Srey Vésandâr est tout au plus digne d'être frappé avec un bâton, d'être attaché avec des cordes et d'être exilé sur le Vongkot bàrôpot (8).

---

(1) Le vétérinaire.

(2) Cornacs.

(3) Cour du roi, place du palais, aire royale.

(4) Servantes, serviteurs, palefreniers, cornacs.

(5) On se rappelle que Srey Sânhchey avait démissionné et remis le pouvoir à son fils Vésandâr, aussitôt le mariage de celui-ci avec néang Métry.

(6) Le vétérinaire.

(7) Le précieux corps. Il s'agit du roi démissionnaire, celui qu'au Cambodge on nomme l'abbeyouréach.

(8) Ce nom est incomplet. Un autre sâtra, celui du roi Chéa-Ly que j'ai déjà donné, nomme cette montagne *Kyry-Vangkot*. — Il s'agit du *Vankigiri*, montagne crochue, des textes pâlis. Le mot *bàrôpot* que nous trouvons ici signifie montagne; il est synonyme de *giri*.

Préas bat srey Sânhchey, ayant entendu parler ainsi, répondit :

— Préas bat srey Vésandàr est bien coupable. Si vous voulez le chasser, je n'ai rien à dire, renvoyez-le; mais attendez au moins jusqu'à demain matin.

Préas bat srey Sânhchey laissa les habitants se disperser pour rentrer chez eux, puis il envoya un réach-amat (1) prévenir Préas bat srey Vésandàr et lui dire que tous les habitants étaient très fâchés contre lui. Le Puthisat (Vésandàr), ayant entendu le réach-amat, lui demanda :

— Quelle est la cause du mécontentement des habitants contre moi?

Le réach-amat lui répondit :

— Les habitants du royaume sont fâchés contre vous parce que vous avez donné aux préahm l'éléphant Préas Chey Néakén. Ils demandent votre exil sur le mont Vongkot barôpot.

Le Puthisat, après avoir écouté les paroles de l'amat, lui dit :

— Puisque les habitants me renvolent et m'invitent à me retirer en tel endroit, j'irai habiter cet endroit-là. Seulement accordez-moi trois jours encore, ayez pitié de moi. Demain, je distribuerai des aumônes en sept audiences (2); puis le lendemain matin, je sortirai du pays pour m'en aller.

Le réach-amat retourna alors près du Préas bat srey Sânhchey, lui répéta les paroles de son fils, puis, sur son ordre, il alla informer les habitants de la décision qu'avait prise le prince de s'en aller dans trois jours (3).

L'amat parti, le Préas bat srey Vésandàr chargea un grand dignitaire de tenir près sept cents éléphants, sept cents charrettes, sept cents kou-chhmâch (4) sept cents kou-asopphâréach (5), sept cents esclaves mâles, sept cents esclaves femelles, de l'or et de l'argent pour le lendemain matin.

— Demain matin, dit-il, je les donnerai en aumônes, et le lendemain je sortirai du royaume pour m'en aller.

Ceci fait, il fut trouver néang Métry et lui dit :

— O néang! le peu de biens, d'objets qui nous viennent de vos père et mère ou de moi doivent être enfouis par vous.

Néang Métry, répondit :

— Ou faut-il que je les enterre.

Le Puthisat lui dit :

— Si vous ne pouvez pas découvrir un endroit où les enfouir, il faut les donner en aumônes aux premiers préahm qui se présenteront.

Puis il ajouta :

---

(1) Agent royal. La version singalaise lui donne le nom de Kâtli.

(2) Dans les sept salas, on se rappelle que six salas ont été élevées par la reine mère et qu'il est question ci-dessus d'une sala élevée par Vésandàr, celle où les préahm ont passé la nuit.

(3) On compte le jour présent, le lendemain et le jour du départ. La version singalaise fait partir le prince dès le lendemain matin.

(4) Bœufs dont le corps, les cornes et les sabots sont teints en rouge.

(5) Bœufs de la grande espèce.

— Quand je ne serai plus là, tâchez de ne pas vous séparer de nos deux enfants. Mettez-vous en service s'il le faut, mais ne mécontentez jamais ni votre beau-père, ni votre belle-mère. Si vous vous remariez, efforcez-vous de bien servir votre nouvel époux, sans jamais lui faire aucune peine.

Néang Métry, entendant ces paroles, lui demanda :

— Pourquoi me parlez-vous ainsi? n'avez-vous plus aucune affection pour moi ?

Le Puthisat lui répondit :

— O néang Métry! Tous les habitants du royaume sont soulevés contre moi parce que j'ai donné l'éléphant blanc à des préahm, et voici qu'on m'expulse du pays. Demain matin, je distribuerai des aumônes une fois encore, puis, le lendemain de bonne heure, je sortirai de la ville royale pour m'en aller. O néang Métry, moi j'irai m'établir dans la forêt Hèmbaupéan (1), tout seul, ô néang! et j'y vivrai sans plus songer à ma vie.

Néang Métry, ayant entendu le Préas bat Srey Vésandàr parler ainsi, lui dit :

— Ce que vous venez de dire n'est pas bien. Si vous prenez telle route, je vous suivrai sur cette route-là. Si je dois me séparer de vous, j'allumerai un bûcher et je m'y précipiterai afin de mourir. Votre personne est comme un éléphant mâle, et ma personne comme un éléphant femelle qui conduit ses deux petits. Par conséquent, si Préas Angk va sur telle route, je le suivrai sur cette route-là.

Puis continuant, néang Métry se mit à parler si avantageusement de la forêt Hèmbaupéan, vraiment préparée pour le Préas bat srey Vésandàr, qu'on eût cru qu'elle l'avait vue.

— Si vous allez habiter cette montagne, dit-elle, le soir venu, nos enfants chanteront pour se distraire; nous écouterons leurs voix agréables et nous ne songerons plus aux biens du royaume que nous aurons laissés ici. Si vous allez habiter la forêt Hèmbaupéan, nous y trouverons de belles fleurs que je cueillerai; j'en ferai des bouquets pour nos deux enfants qui s'amuseront à courir au travers des grands arbres (2). Sur les monts Sattabáriphon (3), on trouve des plantes d'espèces nombreuses et beaucoup de quadrupèdes. Quand vous verrez votre domaine forestier, vous ne penserez plus à votre royaume. Si vous allez habiter cette forêt, vous verrez des troupes de Kœnar (4) qui ont des figures belles et rondes comme la pleine lune; vous verrez aussi les baksey-baksar (5) qui chantent bruyamment dans la forêt. Quand vous verrez toutes ces choses,

---

(1) En pâli *Hîmavan*, l'Himalaya, la forêt qui se trouve au pied de l'Himalaya.

(2) Précieux corps, votre précieux vous-même.

(3) En pâli : *satta*, sept, *parihanita*, ceintures. C'est le nom que les hindous donnent aux sept montagnes concentriques qui, disent-ils, entourent le mont Méru.

(4) Êtres humains dont la partie inférieure du corps jusqu'à la ceinture est couverte de plumes, qui ont des ailes attachées aux épaules, une queue de paon et des pattes de coq.

(5) Quadrupèdes et oiseaux (sanscrit *pakst-paksa*).

est-ce que vous penserez à regretter les biens, les richesses que la royauté vous a donnés dans votre capitale? Quand le soir viendra, vous verrez des troupes de paons qui, par couples, s'en iront chercher leur nourriture, avec leurs ailes luisantes et belles comme si on les avait peintes. Quand le crépuscule viendra, d'autres animaux, les chats-huants, chanteront et vous les écouterez avec joie.

IV

Cependant, néang Sobassoppedey, femme d'une beauté parfaite, d'une conduite irréprochable, digne de louanges, ayant appris ce qui se passait et le

CRTCHOK PRÉANN CONDUISE CHEZ LES BEAUX-PARENTS QU'IL VIENT D'ÉPOUSER

malheur qui s'abattait sur Préas bat Srey Vésandăr, son fils, se prit à songer : « Oh! mon enfant, comment a-t-il pu faire cela sans que je l'aie su. Que vais-je faire pour savoir exactement quel sort malheureux est maintenant réservé à mon fils? »

Ayant ainsi songé, elle fit appeler le néay réach răth (1) et lui donna l'ordre d'atteler les chevaux et de mettre un tapis dans la voiture. [Quand tout fut

(1) Le chef des voitures royales, chef des cochers. Du cambodgien *néay*, chef, et du pâli *răja*, royal, et *rătha*, voiture. — Le cambodgien *néay* vient du pâli et du sanscrit *nâya*, *nâyaka*, garde, conducteur, chef.

prêt], elle monta en voiture et se plaça sous le *srei tray chhat* (1). S'étant fait conduire à la porte du palais du Préas bat Srey Vésandàr, son fils, elle [descendit de voiture] et s'arrêta pour écouter la voix du prince et celle de néang Métry qui se lamentaient au milieu des srey snàm kromokar (2) qui pleuraient. Alors néang Sobassoppedey, fille d'un roi puissant et possédant de nombreux bàriréar (3), ayant entendu la voix de Préas bat Srey Vésandàr, son fils, et celle du néang Métry, sa bru, qui se lamentaient en pleurant, [néang Sobassoppedey], toute pleine de pitié et de compassion, se prit à pleurer et à se lamenter en disant :

— Oh! que celui qui connaît une potion empoisonnée me l'apporte afin que je la boive et que je meure; je ne veux plus vivre! Sinon, je vais monter sur le pràsàth et je m'y pendrai par le cou avec un morceau de sbay (4), ou bien je me laisserai tomber en bas pour mourir. Cela vaudra mieux pour moi que de vivre encore. Hélas! quelle raison, quel motif a le peuple de chasser le Préas bat Srey Vésandàr, mon fils, qui est innocent, rejeté, délaissé, expulsé du royaume. Je vous dis que Préas Vésandàr, mon enfant, n'est pas coupable, qu'il est doué de vertus, qu'il est charitable, qu'il distribue beaucoup d'aumônes avec largesse, sans avarice. O Préas Vésandàr, mon fils, roi puissant, dont la renommée s'étend à tout le royaume, à toutes les nations qui lui apportaient des offrandes, ô Préas Vésandàr, non coupable, comment se fait-il que le peuple le chasse et lui interdise le royaume. Ce Vésandàr est celui qui, tous les jours, a bien servi son père et sa mère, qui ne leur a jamais fait la moindre offense.

Et néang Sobassoppedey, [ayant rejoint ses enfants], se lamentait, pleurait, consolait Préas Vésandàr, son fils, et néang Métry, sa bru, en disant :

— O mes deux enfants, votre mère va se rendre chez le Préas bat Srey Sànhchey, votre père. Elle va lui parler en votre faveur afin qu'il ne cède pas aux demandes du peuple.

Ayant ainsi parlé, elle fut se présenter au Préas bat Srey Sànhchey et lui dit :

— O Préas bat Srey Sànhchey, en vérité, quand Préas bat Srey Vésandàr, votre fils, sera parti, votre fortune [déclinera] et votre royaume sera sàpsàu (5) ; les hommes le mépriseront. Quant à Préas bat Vésandàr, fils du maître du royaume, dont la parole est douce, toujours aimable, pensez-vous qu'il faille absolument l'expulser et qu'il nous convienne de céder aux demandes du peuple? Lui

(1) Parasol à trois étages, réservé à la reine-mère, fait de parasols placés les uns au-dessus des autres. Au Cambodge, le parasol du roi, celui de l'obbàréach (sanscrit: *uparàja*, sous-roi) celui de l'abhayuréach et celui de la reine-mère sont nommés *préas kral ou préas khlas*; celui des mandarins est dit *sàpthào*, et celui que les bonzes peuvent porter est désigné d'un nom vulgaire, celui qui est employé ici *chhat*.

(2) Femmes servantes de la suite.

(3) Suivants. On dit aussi *bàriphàr*; du sanscrit-pàli *parivàrà*, cortège, entourage.

(4) Etoffe très légère, à jour, quelque chose comme une étoffe à moustiquaire.

(5) Plongé dans la tristesse.

parti, il n'y aura plus un seul amat pour bien servir. Il n'est pas convenable que vous vous sépariez [de votre fils], que vous l'éloigniez [du royaume].

Préas bat Srey Sânhchey répondit :

— Néang Sobassoppedey, Préas bat Srey Vésandăr, notre fils, est en vérité un homme bon, mais il m'est impossible de ne pas céder à la demande du peuple (1).

Néang Sobassoppedey ayant entendu parler ainsi Préas bat Srey Sânhchey, son mari, se lamentait et pleurait de pitié sur ses enfants en disant :

— O Préas Vésandăr, ô néang Métry, habitués à vivre dans la ville royale, toujours accompagnés, quand ils sortaient pour aller en quelques lieux que ce soit, de bărivéar, de réach amat, de srey préas snâm kromokar (2), qui les suivaient en cortège. Maintenant, établis dans la forêt, ils vivront probablement solitaires et silencieux. Il (Vésandăr) restera là tout seul avec sa femme et ses enfants. Habitués à demeurer dans la ville royale, ils s'y oignaient d'huiles, de poudre de riz, de parfums; quand ils seront dans la forêt, ils seront privés de tout cela et sentiront la sueur. Habitués à demeurer dans la ville royale ils entendent les sons mélodieux de la musique et des chansons, [ils voient] des danses; quand ils seront dans la forêt, ils n'entendront plus que les oiseaux qui chanteront et qui gazouilleront bruyamment; voilà ce qui, dans la forêt, remplacera la musique.

Toutes les srey snâm kromokar ayant entendu les tristes et lamentables réflexions que faisait néang Sobassoppedey pleuraient et chacune d'elles poussait des cris et versait des pleurs (3), car elles avaient pitié des malheureux [exilés] et compatissaient [à leur infortune].

V

A la pointe du jour, le soleil étant déjà levé, Préas bat Srey Vésandăr s'éveilla. Il fut se baigner, puis il déjeûna. Ceci fait, il se rendit à la sala des

---

(1) La version siagalaise dit que le roi père, pour alléger le chagrin de la reine mère, promit qu'après avoir laissé quelque temps son fils dans la forêt il le rappellerait.

(2) Servantes attachées à une personne de la famille royale. On a cru trouver dans le mot cambodgien *prâpon*, épouse, les mots : « sacré lien, éminent lien »; les lettrés cambodgiens n'acceptent pas cette étymologie, bien qu'ils ne puissent dire d'où vient le mot *prâpon*. Cependant, ils conviennent que les anciens manuscrits, le *Tray-Phith* par exemple, portent *priaspon*, *priaspoul*, et non *prâpon*, *prâpoul*. En fait, ce mot vient du malais *perampûwan*, *perampûan* : femme, épouse, féminin. Il est formé de *ampu*, maître, tuteur, avec le préfixe *per* et le suffixe *an* et a le sens de « ce qui est sous le gouvernement ». — Voyez abbé P. Favre, *Dictionnaire malais-français*, t. I, p. 110-111, et t. II, p. 129-130.

(3) La version siagalaise, décrivant cette scène qu'elle place un peu avant le départ, dit que les gens qui étaient là « poussaient ensemble des gémissements comme les arbres d'une forêt secoués par un vent impétueux ».

aumônes avec les soixante mille amats et, tout en se préparant à distribuer les aumônes qu'il voulait donner, il leur dit :

— Vous tous, amats, si un mendiant (smàum) quelconque se présentait à cette sala pour demander un sâmpot, donnez-le lui. Si un smàum quelconque qui est un ivrogne veut boire de l'alcool, donnez-lui de l'alcool à boire; si un smàum quelconque veut manger du riz, vous tous préparerez du riz et de l'eau afin qu'il mange jusqu'à ce qu'il soit rassasié. Nous ne devons pas causer la moindre peine, le moindre ennui [aux mendiants].

Tous les mendiants qui se trouvaient à la sala se mirent à pleurer, car ils regrettaient Préas Vésandâr, et ils disaient :

— O Préas bat Srey Vésandâr, vous qui êtes innocent, comment se fait-il que vous soyez expulsé par le peuple, qu'on vous bannisse, qu'on ne vous laisse pas habiter la ville royale? Vous parti, les smàum seront sans appui, sans secours.

Alors Préas bat Srey Vésandâr fit prendre les sept cents éléphants et les donna en aumônes et, avec tous ces éléphants, les sept cents cornacs, les aiguillons, les harnais, les tapis qu'on étend sur le dos des éléphants, enfin tout leur équipement complet. Puis il fit amener les sept cents chevaux avec leurs harnais complet, les sept cents tailleurs de crinières, les teneurs de cravaches, et il les donna tous en aumônes. Puis il fit prendre les sept cents réach râth (1) avec les harnais, avec les tapis, et il les donna en aumônes; et dans chacune de ces voitures il mit une des sept cents femmes snâm, et ces femmes qui étaient bien faites de leur corps et belles furent aussi données en aumônes. Puis il fit prendre sept cents esclaves, sept cents bœufs, sept cents vaches rouges (2), et il les donna en aumônes (3).

Pendant que le Préas bat Srey Vésandâr faisait ces bonnes et charitables actions qui retentissaient jusque dans le paradis, les tévôdas et les tévôbot (4) descendaient sur terre et faisaient connaître à tous les royaumes les nombreuses aumônes que Vésandâr faisait. Alors les rois des autres contrées vinrent recevoir les aumônes de Préas bat Srey Vésandâr. Tous les commerçants, tous les préahm se trouvant rassemblés reçurent ses aumônes et disaient :

— O Préas bat Srey Vésandâr! le peuple vous expulse parce que vous faites des aumônes nombreuses et voilà que maintenant vous faites encore une fois l'aumône.

---

(1) Voitures royales ; du pâli *râjarâths*.

(2) Je crois qu'il faut lire ici « teintes en rouge », comme c'était l'habitude dans l'Inde avant le Buddha.

(3) La version singalaise enseigne qu'il fit ouvrir le trésor aux mendiants et que ceux-ci « se jetèrent sur les offrandes avec impétuosité », et elle ajoute : « ainsi font les abeilles qui volent vers une forêt de fleurs fraîches écloses ; les uns prirent les sous, les guirlandes, les robes, les coiffures ; d'autres les ornements variés pour le corps tels que couronnes et anneaux ». Puis elle continue en disant que Métry-dévi, « dans le même sentiment fit présent de ses propres robes, joyaux et autres articles de valeur ».

(4) *Tévôdâ*, *dévâ*, dieu, et *dévaputs*, fils de dieux.

Cependant, en voyant que Préas bat Srey Vésandâr faisait encore une fois l'aumône, il y avait des gens qui se fâchaient davantage contre lui.

Le soir étant venu, Préas Angk rentra dans sa chambre à coucher en se disant dans son cœur : « — Demain matin, j'irais saluer mes *préas méatda* et *préas beyda* (1).

Le lendemain matin, Préas bat Srey Vésandâr monta sur son réach-râth avec néang Métry, sa femme et ses deux enfants pour se rendre chez Préas bat Srey Sânhchey et néang Sobassoppedey, ses père et mère. Etant parvenu jusqu'à eux, il se prosterna aux pieds de Préas bat Srey Sânhchey en disant :

AMITTADA VIENT SE PLAINDRE A CHICHOR PRÉARM, SON MARI, DES FEMMES SES VOISINES
QUI L'ONT BATTUE

— O Préas bat Srey Sânhchey, puisque vous me renvoyez du royaume de Chédok, je vais aller me faire religieux sur la montagne de Vongkot-bâropot. Vous pourrez alors régner en paix. O Préas bat Srey Sânhchey, j'irai dans la forêt où il n'y a point d'hommes, où sont des animaux : lions royaux, éléphants sauvages, tigres, panthères qui sont féroces.

Après avoir fait ses adieux [à son père], il alla à néang Sobassoppedey, sa mère, et lui dit :

— Restez ici et régnez en paix; veuillez, ô préas vô méatda (2), me pardonner

(1) Mes précieux père et mère. En pâli : *métàpitaro.*
(2) Titre que porte au Cambodge la mère du roi. Le mot *vô* paraît signifier respectable, vénérable, excellent (du sanscrit *vara*).

mes fautes, car je vais me faire religieux à Vongkot-bàropot, dans la forêt de l'Hèmbaupéan, où vivent tant d'animaux : réachéa-sey (1), éléphants sauvages, tigres, panthères, daims, rhinocéros, tonsong (2), bœufs sauvages.

Néang Sobassoppedey, ayant entendu ces paroles, fut très joyeuse en apprenant que son fils allait se faire religieux. Elle dit :

— O mon enfant, votre mère est très heureuse d'apprendre que vous allez vous faire religieux. Mais néang Métry est une femme, elle n'est pas habituée à souffrir; laissez-la à votre mère; toutes les deux nous veillerons sur vos enfants.

Préas bat Srey Vèsandàr, ayant écouté sa Préas Méatda, répondit :

— Néang Métry peut rester. S'il se trouve une esclave quelconque qui veuille venir avec moi, je l'emmenerai à sa place. Si nulle d'entre-elles ne veut venir avec moi, qu'elles restent toutes ici. Quant à néang Métry, si elle ne veut pas m'accompagner, qu'elle reste ici pour nourrir mes enfants.

Néang Sobassoppedey entendant les paroles de son fils, pria Préas bat Srey Sànhchey de l'aider à consoler néang Métry, leur bru, et à la décider à rester avec eux. Alors Préas bat Srey Sànhchey, s'adressant à néang Métry, lui dit :

— O néang Métry, vous êtes habituée à vivre dans notre ville royale où vous pouvez vous oindre avec des konthoras (3) et d'autres parfumeries, où vous avez coutume de vous vêtir avec des sàmpots kasayphàs (4). Quand vous habiterez la forêt, votre odeur sera fade et mauvaise parce que vous sentirez la sueur et d'autres désagréables odeurs, et vous serez obligée de vous vêtir avec des écorces d'arbres. Comment pourrez-vous vivre dans cette forêt d'Hèmbaupéan, où se trouvent des *la-ó* (5), des *ô-mal* (6), des *sràng* (7), des abeilles qui voltigent en foule et qui vous piqueront très certainement, où il y a des serpents boas qui sont gros et forts. Quand ils aperçoivent des hommes ou des animaux qui se rendent au sting Bànhchà-Méalin (8) pour se baigner, ils s'élancent sur eux et, sans jamais les manquer, les saisissent, puis les serrent, les broyent en petits morceaux et les avalent. Il y a des ours à poils noirs qui, quand ils rencontrent des voyageurs, les saisissent et les dévorent sans jamais les manquer. [Il y a aussi] des buffles sauvages qui sont armés de grandes cornes pointues qui épouvantent seulement par leur apparition; le matin et le

---

(1) En pâli *rdjiseya*, Bon royal, ràja-lion.

(2) Bœufs à bosses ; on dit aussi *dnsong*, du sanscrit *ansahila*, « bosse entre épaules », qui désigne le bœuf à bosse.

(3) Espèce de parfum.

(4) Espèce d'écharpe pour la poitrine.

(5) Grosses guêpes dont la piqûre est très douloureuse.

(6) Espèce de taon.

(7) Taon de la plus petite espèce.

(8) Fleuve *Pràes méalias*; je ne comprends pas. *Méalias* est un des cinq grands lacs (*mahdsras*) et non un fleuve. Je ne comprends pas davantage l'expression : « le fleuve des cinq Méalias ».

soir, ces buffles ont l'habitude de conduire leurs petits au sting Sakòmphéak néaly (1) afin qu'ils s'y baignent et ce sting coupe la route qu'il faut suivre pour aller à la forêt Hèmbaupéan.

Néang Métry, ayant écouté ces paroles, répondit :

— Préas Angk, ce que vous venez de dire est bien agréable à entendre. Je n'aurai ni chagrin ni peur tant que j'accompagnerai mon mari. Je retrousserai mon sâmpot et j'irai devant, j'écarterai les petits embarras que présentera la forêt devant le Préas bat Srey Vésandâr afin qu'ils ne touchent pas votre fils et qu'il marche plus facilement.

Puis s'adressant à Préas bat Srey Vésandâr, néang Métry ajouta :

— De même que toutes les femmes, j'ai désiré avoir un mari pour le servir, j'ai maintenant un mari, je l'ai servi. Comment pourrai-je l'abandonner et rester seule ici comme une veuve.

Préas bat Srey Sânhchey, afin de la décider à rester, afin d'empêcher son départ, dit à néang Métry qui voulait toujours partir :

— Alors laissez-moi vos deux enfants. Je les élèverai et je veillerai sur eux.

Néang Métry lui répondit :

— Non, Ba-Chuly et Mé-Krésnar (2) sont mes deux enfants, je ne les laisserai pas ; je les aime trop pour les laisser. Si misérable que je devienne, je les garderai toujours avec moi.

VI

Le lendemain matin, à la pointe du jour, le néay-râth (3) attela la voiture à quatre chevaux et la conduisit à la porte du palais pour y attendre le Préas bat Srey Vésandâr. Voyant que la voiture royale était arrivée, néang Métry se prosterna, dit adieu à son beau-père et à sa belle-mère ; puis, prenant ses deux enfants entre ses bras, elle s'en alla à la voiture royale et s'y assit avant le Préas bat Srey Vésandâr. Puis elle dit au Préas bat Srey Sânhchey, son beau-père :

— Préas Angk, ne soyez pas inquiet à cause de vos deux petits-enfants. Si je viens à mourir, ils mourront peut-être vos deux châu (4), mais, tant que je vivrai, je les élèverai avec soin.

Alors Préas bat Srey Vésandâr, se prosternant à son tour, dit adieu à sa méatda et à son beyda ; puis, montant en voiture, il la conduisit sur la

(1) *Sting*, rivière, est le mot cambodgien ; *néati* (*nadî*), est le mot sanscrit-pâli ; je ne puis assimiler le mot *Sakòmphéak*.

(2) *Ba* pour les garçons et *mé* pour les filles sont des préfixes caressants, familiers, encore en usage aujourd'hui, le dernier dans la forme qu'on lui trouve ici, le premier dans la forme *va* et *a*.

(3) Chef de la voiture, le cocher.

(4) Petits-enfants.

route (1). Chaque fois qu'il voyait un groupe de gens qui s'était formé [pour le voir passer], Préas bat Srey Vésandâr dirigeait vers lui la voiture et disait aux gens qui étaient là :

— Vous autres qui restez ici, demeurez en bonne santé ; surtout, faites beaucoup d'aumônes et soyez dévôts (2).

Puis il continuait sa route.

A ce moment même, quatre préahm entraient dans la ville royale et disaient au peuple qu'ils cherchaient Préas bat Srey Vésandâr pour lui demander l'aumône. Les gens [auxquels ils s'étaient adressés] leur répondirent qu'après avoir donné l'aumône, Préas bat Srey Vésandâr était parti. Les préahm demandèrent alors aux habitants quels étaient les objets que Vésandâr avait emportés avec lui. Les habitants leur répondirent :

Préas bat Srey Vésandâr n'a rien pris avec lui, si ce n'est sa voiture royale attelée de quatre chevaux, encore ne l'a-t-il prise que parce qu'il en avait besoin pour cheminer.

Les quatre préahm s'entendirent ensemble et dirent :

— Puisqu'il en est ainsi, nous allons le suivre et lui demander ses quatre chevaux.

S'étant ainsi mis d'accord, les quatre préahm se mirent à suivre la route que Préas bat Srey Vésandâr avait prise. Néang Métry, qui était montée sur le réach-râth, ayant tourné la tête, les aperçut qui venaient derrière la voiture et dit à Préas bat Srey Vésandâr :

— Il y a là quatre préahm qui viennent derrière nous.

Préas bat Srey Vésandâr arrêta la voiture pour attendre les préahm, lesquels, étant arrêtés, lui demandèrent les quatre chevaux [qui la traînaient]. Préas bat Srey Vésandâr dételiła les quatre chevaux de la voiture et les donna aux quatre préahm. Après ces quatre préahm, un autre préahm qui les suivait arriva et demanda la voiture. Préas bat Srey Vésandâr la lui donna en aumône (3), puis il dit à néang Métry :

— Néang Métry, portez néang Krésna, qui est petite et légère, moi je porterai Chau Chuly, et nos deux enfants ne souffriront pas.

(1) La version singalaise ajoute que la reine-mère le fit suivre par cent voitures chargées de choses utiles et chères, mais qu'il distribuait tout le long de la route.

(2) Le bouddhiste chinois Hiouen-Thsang, qui parcourut l'Inde au septième siècle de notre ère, dit avoir vu en cet endroit un stupa commémoratif de cette scène : « Le prince royal Siu-ta-na (notre Vésandâr), ayant donné aux brahmanes le grand éléphant du roi, son père, fut réprimandé et expulsé du royaume et prit congé des habitants. Quand il eut passé la porte des murs extérieurs, ce fut en cet endroit qu'il leur fit ses adieux. (*Mémoires de Hiouen-Thsang*, trad. Stanislas Julien, tome II, page 122, cité par M. Léon Feer). — On peut observer que Vésandâr, ici nommé Siu-ta-na, est dit prince par Hiouen-Thsang et roi par la version cambodgienne.

(3) Ces deux dernières aumônes paraissent ici avoir été simultanément faites. La version singalaise les sépare ; elle dit que Indra, voyant que Vésantara avait donné ses chevaux, fit paraître à leur place quatre devas transformés en chevaux ; puis, plus tard, un autre brahmane vint demander la voiture et qu'elle lui fut donnée comme avaient été donnés les chevaux. Je crois qu'il faut entendre dans la version singalaise que la voiture fut donnée avec les quatre devas qui avaient la forme de chevaux.

VII

Préas bat Srey Vésandâr, néang Métry et les deux enfants rencontraient souvent des hommes qui allaient ou venaient; Préas bat Srey Vésandâr leur demandait de lui indiquer la route qui conduisait à la montagne de Vongkot-bâropot et ces hommes lui disaient que cette montagne était très éloignée.

Cependant, toujours allant, ils arrivèrent en un lieu où les arbres chargés de fleurs et de fruits avaient poussé alignés sur les deux côtés de la route. A la

CHUCHOK PRÉAHM, APRÈS AVOIR ENFERMÉ SON ÉPOUSE, PART POUR ALLER DEMANDER
EN AUMÔNE LES ENFANTS DE VÉSANDAR

vue des fruits mûrs qui pendaient à ces arbres, les enfants prièrent leur père et mère de les cueillir pour eux. Le Préas bat Vésandâr en cueillit quelques-uns et les leur donna à manger.

Quant à la route de Chédok-nokor (1) à la Sovankiri Kalbâropot (2), la distance était de cinq youch; de cette montagne (3) au sting Kantés-Méaréayyo, la distance était de cinq youch; de cette montagne à la montagne de Méarenh-

(1) Jetattara nagara.

(2) Probablement le nom altéré de la Vankagiri, montagne crochue, avec le préfixe *so* : haute, éminente. Je ne vois pas très bien ce que peut signifier le mot *kal*.

(3) Le texte répète ici le nom de la montagne; je supprime ce nom afin d'alléger la phrase et je ferai ainsi partout, principalement dans le présent alinéa.

chatnak-báripot, il y avait 5 youch ; de cette montage à un pays [gouverné par les] préahm et nommé Néalikhastéan-kréam (1), il y avait cinq youch ; de ce pays au pays nommé Méadol-nokor, la distance était de dix youch. Donc, de Chédok-Nokor au Méadol-nokor, la distance était de trente youch (2).

Les tévôdas (3) eurent pitié des deux enfants du Préas bat Srey Vésandàr et, bien que [les voyageurs] n'eussent marché que depuis le matin jusqu'au soir, il les firent arriver [en une seule journée] au Méadol-nokor (4).

Dans la capitale de ce royaume, il y avait soixante mille rois (5) qui gouvernaient quand le Préas bat Srey Vésandàr arriva pour se reposer dans une sala située à l'extérieur de la ville royale. En voyant Vésandàr, néang Métry et leurs enfants, quelques (6) habitants se sentirent pris de pitié, de compassion ; ils vinrent se mettre à leur disposition et les servir ; d'autres, à leur vue, se lamentaient et pleuraient ; pris de pitié, ils furent parler aux soixante mille rois. Ces soixante mille rois (7) ayant entendu les paroles qu'on leur disait, coururent à la sala et, pris de pitié en voyant [les voyageurs], se mirent à pleurer sur eux. Puis ils demandèrent de quel pays ils venaient, quelle était leur ville royale, si leur santé était bonne et où ils allaient. Le Préas bat Srey Vésandàr leur répondit :

— O amis ! mes préas vòr méatda et préas vòr beyda (8) sont en bonne santé, quant à la cause de ma venue jusqu'ici, la voici : j'ai donné en aumône à huit préahm l'éléphant Préas Chay Néakèn et, pour me punir de cela, le peuple m'a chassé hors de ma ville royale.

Les soixante mille rois, ayant entendu ce récit, prièrent le Préas bat Srey Vésandàr de ne pas continuer son voyage et de consentir à régner sur le Méadol-nokor, par-dessus les soixante mille rois.

(1) *Kréam, gráms,* village.

(2) 408 kilomètres. Le youch valant 8.000 brasses de 1 m. 70, c'est-à-dire 13 kilomètres 600.

(3) Les dieux.

(4) Ce détail ne se trouve point dans la version singalaise.

(5) La version singalaise diffère entièrement ici de notre texte ; elle prétend que le roi de ce royaume était Chétiya, le père de Madri-dévi, et qu'il leur offrit son trône et son royaume. Notre version semble parler d'une république de soixante mille citoyens ; elle se rapproche de la version singalaise par l'offre qu'elle fait faire par ces soixante mille citoyens aux fugitifs de régner sur eux. Cette divergence est d'une certaine gravité.

(6) Le texte porte *tâung as* « tous les », mais il est évident qu'il faut lire ici « quelques ».

(7) Ce pays de soixante mille rois pourrait bien être une république gouvernée par un conseil de soixante chefs, de six cents peut-être. Il faut toujours se tenir en garde contre l'exagération des Hindous et des Cambodgiens que l'adjonction de un ou de plusieurs zéros n'effraye jamais. Je ne vois pas très bien soixante mille dépositaires du pouvoir royal accourant rendre visite à Vésandàr ; ils étaient soixante peut-être, mais ils pouvaient bien être six.

(8) Mots de la langue noble qu'on emploie souvent pour désigner les père et mère du roi. « Ma précieuse mère et mon précieux père » donné pour mes père et mère. Observez que la mère est placée avant le père conformément aux coutumes hindoues et cambodgiennes qui enseignent que la mère ayant mis au monde, nourri, élevé ses enfants, a plus de droit sur eux que le père. (Voyez dans les *Textes khmèrs* de M. Aymonier le conte d'une fille accordée à deux hommes par le père et la mère, à l'insu l'un de l'autre, texte français, *Sâtra Krsng kdalrsy*, page 61.)

Préas bat Srey Vésandâr, ayant entendu cette proposition des soixante mille rois, leur répondit :

— O amis ! si vous m'offrez autre chose que cela, je l'accepterai, mais si vous m'offrez de régner, je refuserai. Vous autres, ajouta-t-il, montrez-moi la route, afin que je puisse aller à la montagne de Vongkot-bâropot.

Les rois ayant entendu les paroles du Préas bat Srey Vésandâr lui dirent :

— Veuillez régner dans ce royaume-ci. Nous nous porterons caution pour vous, et nous irons trouver Préas bat Srey Sânhchey et nous l'engagerons à demander au peuple votre pardon et qu'il vous permette de retourner.

— Non, si je restais ici pour régner dans votre ville royale les gens du Chédok-nokor m'y suivraient et m'insulteraient en disant : « Le Préas bat Srey Vésandâr a régné sans suivre la loi et les coutumes, c'est pour cela que nous l'avons banni [du royaume] et envoyé s'établir sur le Vongkot bâropot; voici maintenant que les soixante mille rois l'ont retenu pour qu'il règne sur eux et il règne tranquille (1). » C'est pour éviter cette chose-là, amis, que je ne reste pas ici pour régner. Si je régnais sur vous, les peuples lèveraient des troupes armées et me poursuivraient certainement. Alors la guerre serait allumée et beaucoup d'habitants seraient tués, c'est bien inutile (2). Si vous avez quelque pitié pour moi, veuillez, je vous prie, me donner assez de vivres pour assurer notre nourriture jusqu'à la montagne Vongkot bâropot.

Les soixante mille rois préparèrent alors des vivres pour le Préas bat Srey Vésandâr. Le lendemain matin, Préas bat Srey Vésandâr ayant pris un bain, et ayant déjeuné, sortit [avec sa famille] de la sala afin de s'acheminer vers la montagne qui se trouvait à 15 jûch [de la ville royale]. Les soixante mille rois qui l'accompagnaient lui montrèrent [la route] avec leur index en disant :

— Préas Angk, vous vous dirigerez tout droit de ce côté. Vous rencontrerez une montagne nommée Kunthonôt bâropot, vous la dépasserez un peu et alors vous verrez une autre montagne appelée Vibol-bâropot (3) qui est toute plantée de grands arbres; vous la dépasserez un peu et vous trouverez une rivière qui porte le nom de Tédûmaténéati dont l'eau limpide, qui coule à pleins bords, est habitée par de nombreux poissons; quand vous aurez dépassé cette montagne vous en trouverez une autre nommée Hannéalik bâropot, couverte d'arbres nombreux, habitée par des troupeaux de bêtes et par beaucoup de Kénâr (4) chanteuses et danseuses complaisantes; quand vous

(1) C'est-à-dire « comme si nous ne l'avions pas chassé de chez nous, comme si nous avions eu tort de le bannir. C'est indigne. »

(2) Cette réponse de Vésandâr nous initie à une coutume internationale ancienne qui paraît avoir interdit le couronnement, dans un autre pays, d'un roi détrôné par son peuple.

(3) En pâli *Vipûls*.

(4) *Kinnara*, êtres à corps, tête et bras de femme ou d'homme, à jambes, pieds et ailes de coq. Je considère le mot *Kénâr* comme une altération du mot sanscrit *Kinnara*, mais je dois observer que ces derniers, qui sont des êtres à corps humains et tête de cheval jouent un autre rôle que les *Kénâr* cambodgiens.

aurez dépassé cette montagne, vous trouverez un bassin splendide, plein d'herbes innombrables et qui vous réjouira [les yeux]; quand vous l'aurez dépassé, vous arriverez à un ruisseau qui prend sa source dans la montagne Vongkot bàropot; ses berges sont douces et encaissent beaucoup d'eau. Quand vous serez arrivé à ce lieu vous vous établirez au nord de ce ruisseau, parce que ce côté nord possède de beaux endroits, où il vous sera facile de trouver des fruits d'arbres indispensables à votre nourriture.

Les soixante mille rois ayant ainsi renseigné le Préas bat Srey Vésandàr sur sa route, le laissèrent continuer son voyage, mais [quand il fut parti] ils se consultèrent et dirent :

— Nous ne pouvons pas laisser le Préas bat Srey Vésandàr, son épouse et ses enfants continuer ainsi leur voyage, car il peut arriver que des ennemis les menacent et les inquiètent.

Alors, ils choisirent un nommé Chétlabot (1), fils d'un simple habitant, habile à tirer de l'arc, et lui firent en ces termes quelques recommandations :

— Chétlabot, tu es un homme habile, habitué à chasser les animaux dans les forêts. A cause de cela nous te chargeons de garder le Préas bat Srey Vésandàr, de veiller autour de lui, de t'arranger de façon à ne pas le perdre de vue. Tu interrogeras tous ceux qui feront mine d'aller vers lui, d'une manière toute particulière, de peur qu'il ne se trouve des gens mal intentionnés parmi ceux-là.

Ayant ainsi donné leurs instructions à Chétlabot, les soixante mille rois le laissèrent aller avec le Préas bat Srey Vésandàr, et lui donnèrent le titre de garde des forêts, puis ils retournèrent chacun dans leur demeure.

Préas bat Srey Vésandàr s'étant remis en route quitta le grand chemin et se dirigea droit au nord vers la montagne Vibòl bàropot. Un peu plus loin il s'arrêta sur le bord de la Tédumaténéati; à cet endroit un chasseur de la forêt étant venu lui offrir du miel et un morceau de chair de gibier salé et cuit, Préas bat Srey Vésandàr prit l'épingle en or qui retenait les cheveux de son enfant et la donna en aumône au chasseur (2). Ceci fait il conduisit sa femme et ses enfants à la rivière afin qu'ils y prissent leur bain, puis il alla se reposer à l'ombre d'un *chrey* (3) au pied de la montagne; ayant aperçu des fruits du chrey il les cueillit pour la Préas réachéa Tépi (4) et pour les deux Préas réachéa bot (5).

Quand il eut achevé de cueillir ces fruits, le roi repartit et arriva à la montagne de Néalik bàropot (6).

(1) En pâli *Sillapatis.*
(2) Cette scène ne paraît pas se trouver dans la version singalaise.
(3) Une espèce de *ficus.*
(4) En pâli restitué *para-râja-devi,* éminente reine, déesse, précieuse reine.
(5) En pâli restitué *para-râja-patis,* précieux royaux enfants, précieux enfants royaux.
(6) Nous avons trouvé plus haut *Hannéali bàropot.*

L'ayant dépassée, il parvint à une source qui donnait naissance à plusieurs rivières. Un peu plus loin, il arriva au lac Bokkhaney (1). L'ayant laissé derrière lui, il parvint enfin à la forêt Vongkot bâropot.

Comme Préas bat Srey Vésandâr, néang Métry et leurs enfants arrivaient au pied de cette montagne, le siège de Préas bat Eyntréa thiréach trembla sur sa base (2); se trouvant indisposé, Eyntréa devina qu'un grand événement s'accomplissait sur la terre. Il regarda et vit les voyageurs. Il murmura : « O Préas bat Srey Vésandâr, vous êtes venu vous installer, dans cette forêt de l'Hêmbaupéan; la nouvelle en est venue jusqu'à moi. »

CHUCHOK PRÉAHM, POURSUIVI PAR LES CHIENS DE CHETTABOT, SE RÉFUGIE SUR UN ARBRE

Alors le Préas bat Eyntréa thiréach ayant ainsi parlé, envoya du paradis Préas Visakam tévobot (3) élever dans la montagne du Vongkot bâropot, une résidence pour le Préas bat Srey Vésandâr. Le Préas Visakam tévobot étant

(1) Du pâli *pokkharani*, lac des lotus.

(2) C'est généralement par un branlement de son siège et par un échauffement intérieur qu'Indra apprend, d'après la théorie brahmanique et d'après la théorie buddhique, les belles actions commises par les hommes; mais tandis que selon les brahmanes cet avertissement provoque chez lui la jalousie, la crainte d'être détrôné par le saint qui vient d'accomplir une belle et grande action, le porte à lui tendre des pièges, selon les buddhistes cet avertissement provoque la joie et porte Indra à lui donner son concours. De l'ancienne théorie brahmanique arrangée par les buddhistes il est resté l'indisposition qui provoque chez Indra l'ébranlement de son trône et la grande chaleur interne qu'il ressent. — Un autre jâtaka du Buddha, le *Maha Chinok*, que je donne plus loin, parle d'un vieux professeur, qui à l'instant où la mère d'un Puthisat entre dans un caravansérail voisin, éprouve une grande chaleur interne, invite ses élèves à venir au bain avec lui et fait la rencontre de la mère du futur *Maha Chinok*.

(3) En pâli restitué *Asro-Visakams-teva-putta*, précieux architecte fils de Dieu.

descendu [du ciel], en volant au pied de la montagne, y construisit deux salas, destinées, l'une à servir de chambre à coucher pour la nuit et l'autre aux divertissements et aux occupations de la journée. Ceci fait, il fit des plantations, des jardins légumiers où se trouvaient des cocotiers, des aréquiers, des patates, des bananiers, des *trav* (1) en grand nombre, puis sur les portes il écrivit ces mots : « Quiconque, étant dévot, connaît la prière et désire rester en ces lieux, peut y rester. »

Ceci fait le tévobot chassa les Khmoch (2) [de cet endroit], les quadrupèdes féroces, et les envoya habiter plus loin; puis, s'envolant, il remonta dans sa céleste demeure.

En ce moment même Préas bat Srey Vésandâr, néang Métry et leurs deux enfants parvenaient à ces salas. Le roi lut les inscriptions [que le tévobot avait mises sur les portes] et se dit en lui-même : « Ces salas n'ont pas été construites par des individus mauvais; c'est le Préas Eyntréa thiréach qui les a fait bâtir pour les hommes religieux ! »

Alors il entra dans une des salas, déposa ses vieux vêtements, ses vieux sâmpots et se vêtit d'autres vêtements teints au safran, se couvrit d'une peau d'ours et se fit religieux moha Risey (3). [Ainsi vêtu] il sortit pour se rendre à la thmâr-dâr (4) qui se trouvait devant les salas. Le roi y marchait longtemps, allant et venant avec lenteur, méditant sur les préceptes.

Néang Métry voyant ce que le roi avait fait, comprit son devoir. Elle retira son vieux sâmpot, se vêtit avec des écorces d'arbres et se couvrit avec une peau d'ours à la manière des religieux moha risey; puis elle dit à son mari :

— A partir d'aujourdhui ne craignez rien, ne vous inquiétez de rien; je me charge de tout, j'irai chercher les fruits des arbres de la forêt pour vous nourrir, vous et les enfants. Quant à vous, vous resterez ici pour les garder.

Le Préas bat Srey Vésandâr répondit à néang Métry :

— A partir d'aujourdh'ui venez quand vous aurez quelque chose à me demander; mais quand vous n'aurez rien à me demander, ne venez pas à moi, parce que nous sommes deux religieux.

Néang Métry obéit et le Préas bat Vésandâr ne fit plus que prier, méditer, et aspirer à l'état de Buddha.

Parlons maintenant de néang Métry [et disons ce qu'elle fit]. Le lendemain matin à la pointe du jour elle entra dans la sala, balaya l'endroit où le Préas bat Srey Vésandâr devait venir s'asseoir; puis elle alla chercher de l'eau et vint la lui présenter. Ceci fait elle alla rejoindre ses enfants, les prit dans ses bras et se mit à les caresser en faisant les recommandations suivantes :

(1) Espèce de grosses patates.
(2) Esprits.
(3) Du sanscrit *moha rishi*; on traduit aussi *moha eysey*, du pâli *moha isi*.
(4) Pierre de granit.

— O mes bien-aimés! tous deux n'allez pas vous promener, n'allez pas jouer loin de votre père.

Ayant ainsi fait ses recommandations elle prit néang Krésna dans ses bras et Ba-Chéaly (1) par la main, puis elle les conduisit au Préas bat Srey Vésandâr; elle les lui recommanda en disant :

— Ne laissez pas les deux enfants aller jouer loin de vous.

Cette recommandation faite, elle prit des paniers, les mit dans les *singrèk* (2), les plaça sur son épaule et tenant d'une main un long crochet de bois, elle se dirigea vers la forêt à la recherche des fruits qu'elle voulait cueillir sur les arbres. De retour chez elle après une belle récolte de ces fruits, elle les servit au Préas bat Srey Vésandâr et aux enfants afin qu'ils se rassasient. Quand les enfants eurent mangé elle les mena coucher.

Préas bat Srey Vésandâr, néang Métry et leurs deux enfants, après s'être établis dans la forêt de Vongkot bâropot, y demeurent sept mois [sans qu'aucun événement notable se produisit].

VIII

A cette époque il y avait un Préahm (3), nommé Chuchok Préahm (4), qui habitait dans le Klœng-Kréas (5). Il était malheureux et ne vivait que du riz qu'il recevait en aumônes. Comme on lui donnait quelquefois de l'or il put en amasser 100 dâmlœng (6). Il les mit dans une bourse qu'il avait dans la besace qu'il portait autour de son bras et sur son épaul.. [Or un jour] il confia cette bourse à un autre Préahm (7) en lui disant :

— Prenez-la et gardez-la pour moi.

Ce Préahm reçut la bourse de 100 dâmlœng et la conserva pendant que Chuchok Préahm continuait à mendier. Un an après, Chuchok-Préahm n'étant pas de retour, le Préahm parlant à son épouse lui dit :

(1) Jusqu'alors le jeune prince est nommé *Chaly*; il est ici, pour la première fois, appelé *Ba-Chéaly*. On sait que les textes pâlis lui donnent le nom de *Jâli*.

(2) Rotins préparés et liés ensemble à l'aide desquels sont suspendus les paniers ou autres objets qu'on porte sur l'épaule à l'aide d'un fléau (*singrèk*).

(3) Brahmane.

(4) En pâli restitué *Jujaka*; le mot brahmane joint ici au nom conformément à la coutume indoue indique la caste à laquelle *Jujaka* appartenait.

(5) *Kalinga*, nom d'un royaume de l'Inde ancienne, qui occupait le territoire du Boundhelkhand actuel.

(6) Le dâmlœng ou taël équivaut à 37 gr. 50 d'or fin. Voyez le *sâtra du roi Chéa-Ly*, que j'ai donné en 1894, dans *Cambodge, Contes et Légendes*, p. 8-11, une leçon de ce récit. On y trouve quelques renseignements sur les parents de Chuchok; on le dit originaire de Bénarès, mais émigré dans Klœng-Kréas, à la suite d'un incendie qui l'avait rendu veuf.

(7) Le sâtra du roi Chéa-Ly donne à ce préahm le nom de Kol-En-préahm, à son épouse celui de néang Mony-préamaey.

— Où est allé le vieux Chuchok; il a disparu depuis longtemps; il est certainement mort; s'il n'était pas mort il serait déjà revenu. Qu'allons-nous faire de son or? Prenons-le et employons-le.

L'épouse lui répondit :

— Mais si nous prenons son or et si nous l'employons, s'il revient et qu'il nous le réclame, que pourrons-nous lui donner en retour?

Son mari, le Préahm, ayant entendu ces paroles, répondit :

— Néang Amittada, notre fille, n'est pas encore mariée. Si [Chuchok] revient nous réclamer son or, nous lui offrirons néang Amittada, notre fille. Il consentira peut-être à la prendre.

Le Préahm et sa femme, en parlant ainsi, s'étant mis d'accord, prirent l'or et l'employèrent à des achats de vivres.

Plus tard, Chuchok Préahm, étant de retour, vint réclamer au Préahm les 100 dàmlœngs d'or [qu'il lui avait confiés]. Celui-ci, ne pouvant pas les lui rendre, prit Amittada par la main et l'offrit à Chuchok Préahm à la place des 100 dàmlœngs d'or. Chuchok Préahm, dès qu'il vit néang Amittada, l'aima dans son cœur. [Il l'accepta] et la conduisit chez lui (1).

A dater de ce jour, néang Amittada ne songea plus qu'à bien servir Chuchok Préahm, à le satisfaire toujours; elle portait l'eau, pilait le paddy, faisait cuire le riz tout à fait comme un esclave. Quant à Chuchok Préahm, il n'allait plus nulle part et demeurait dans sa maison heureux et toujours silencieux.

Les autres jeunes préahm, en voyant néang Amittada servir son vieux mari avec un si grand dévouement, se disaient :

— Nos femmes sont très acariâtres, impolies et inconvenantes (2). Cependant, nous sommes jeunes, et nos femmes, qui sont jeunes aussi, devraient s'efforcer de nous donner beaucoup de satisfaction. Or, elles ne font que nous injurier, nous insulter, nous mépriser, nous qui sommes leurs époux.

Ces jeunes préahm, après avoir ainsi parlé, rentrèrent chacun dans leur maison et se mirent à parler à leurs femmes avec des paroles grossières, à les battre en disant :

— Prends exemple sur néang Amittada, femme, elle sait remplir tous ses devoirs, elle sait satisfaire à tous les désirs de Chuchok Préahm. qui, pourtant, est un vieillard sale et laid ; elle ne l'offense jamais.

Alors, toutes les femmes des préahm se dirent entre elles :

— Si nos maris nous ont battues, s'ils nous ont injuriées, c'est mé (3) Amittada

*

(1) Le *sûtra du roi Chês-Ly* dit qu'il l'emmena dans un pays, nommé *Tofril-Krêsm*, qui n'était pas très éloigné du royaume de Kiêng-Prèas. — *Tofril Krêsm* pourrait bien être *Tofril grêms*, le village de Tofril.

(2) Le texte emploie le mot *chnchêsl*, qui signifie : « aigre, âcre ». — On dit au Cambodge d'une femme désagréable : « aigre comme une mangue verte », et d'une femme douce de caractère : « douce et bonne comme une mangue bien mûre ».

(3) *Mê*, qu'on prononce quelquefois *mî* et qu'on écrit souvent *mey*, d'après l'ancienne orthographe, placé devant un nom de femme, est un terme de mépris; devant un nom de petite fille, un terme familier.

qui en est cause. Puisqu'il en est ainsi (1), allons l'attendre toutes ensemble sur la berge. Quand elle la descendra pour aller puiser de l'eau, nous nous réunirons et nous la frapperons toutes, afin que chacune de nous ait la satisfaction [de l'avoir frappée].

S'étant ainsi entendues ensemble, les femmes des préahm s'en furent attendre sur la berge. Néang Amittada, épouse de Chuchok Préahm, ne tarda pas à sortir de sa maison; alors, les femmes des jeunes préahm, la voyant qui s'en allait puiser de l'eau, se mirent à courir et se précipitèrent sur elles; les unes la saisissent par les cheveux, les autres la frappent sur la tête avec le poing fermé, d'autres encore la battent en lui disant :

CHETTABOT AIDE CHUCHOK PRÉAHM A DESCENDRE DE SON ARBRE ET L'INVITE
A PARTAGER SON REPAS

— Mi Amittada, comment se fait-il que tu donnes tant de satisfaction à ton vieux mari? Tu sais que nous avons des maris jeunes, il nous plaisent, nous les servons et ils ne sont jamais contents.

Néang Amittada, ayant entendu parler ainsi les femmes des jeunes préahm, puisa de l'eau [avec sa cruche], la mit sur sa tête et rentra chez elle en pleurant. Chuchok Préahm, voyant que son épouse Amittada pleurait, lui dit :

— O Néang Amittada, que t'a-t-on fait pour que tu pleures ainsi?

Néang Amittada lui répondit :

— O mon ami Préahm, je vous annonce qu'à partir d'aujourd'hui je n'irai plus

(1) Le texte singalais donne une autre cause au mécontentement des femmes; il enseigne que le préahm avait plusieurs femmes et que ces femmes, jalouses de la nouvelle venue, se mirent à la persécuter cruellement.

puiser de l'eau, je n'irai plus casser le bois, je ne pilerai plus le paddy, je ne ferai plus cuire le riz, parce que c'est à cause du contentement que je vous donne en vous servant bien que les femmes des jeunes préahm m'ont battue et m'ont insultée. Elles m'ont dit que je m'efforçais de vous bien servir afin de vous plaire, bien que vous soyez un vieillard sale et laid.

Chuchok Préahm, après avoir entendu ce que néang Amittada lui disait, son cœur tapissé de chagrin, lui dit :

— A partir d'aujourd'hui, tu resteras tranquille, tu ne travailleras plus ; c'est moi qui irai chercher l'eau, c'est moi qui irai chercher le bois, qui pilerai le paddy, qui cuirai le riz. Je te servirai à mon tour.

Néang Amittada répondit :

— On n'a jamais vu d'homme rester à la maison et servir sa femme. Je ne veux pas cela ; mais il faut que tu te mettes à la recherche, que tu ailles mendier des esclaves, garçons ou filles, pour qu'ils me servent. Alors, je serai contente.

Le Préahm lui répondit :

— O néang Amittada, ne te fâche pas contre moi, car je ne sais où il faut aller demander en aumône des esclaves, garçons ou filles. Laisse-moi te servir à la place des esclaves, garçons ou filles.

Néang Amittada lui répondit :

— Je vais te dire : j'ai entendu dire à des jeunes préahm qu'il y a un roi, nommé Préas bat srey Vésandâr, fils de Préas bat srey Sânhchey, qui s'est fait religieux, à la façon des Moha-Risey, à la montagne de Vongkot bâropot. Ce roi veut atteindre l'état de buddha ; si tu vas lui demander ses enfants, il n'hésitera pas à te les donner en aumône comme des esclaves.

Chuchok Préahm dit alors :

— O néang Amittada, ce que tu dis là est bien ; seulement, je suis trop vieux pour aller jusqu'à lui ; la route est longue qui conduit à la montagne de Vongkot bâropot. Assez, il suffit ; ne te fâches pas contre moi. Je vais être ton esclave.

Néang répondit :

— O Préahm, que tu es bête et ignorant. Tu es fait comme tout homme et nul homme n'a peur de la mort comme toi. Si tu ne vas pas chercher pour me servir des esclaves, hommes ou femmes, je ne resterai pas chez toi. Je me couvrirai de beaux vêtements, et, très bien habillée, j'irai. Quand je rencontrerai des jeunes gens qui s'amuseront, en quelque lieu que ce soit, j'entrerai et m'amuserai avec eux, afin que mon cœur soit content et joyeux. Si, [au contraire], tu vas me chercher des esclaves, garçons ou filles, qui me serviront, après ton départ j'enlèverai l'escalier [de la maison], j'attacherai la porte et ne ferai cuire le riz que dans la maison. J'attendrai ton retour sans sortir de la maison.

Alors, Chuchok Préahm, craignant [de voir partir] Amittada, lui dit :

— S'il en est ainsi, prépare-moi des vivres, afin que j'aille chercher les deux enfants, chau Chuly et néang Krésna, pour les mettre à ton service.

Néang Amittada, entendant cela, se mit à préparer des vivres pour le Préahm, son mari; quant à Chuchok Préahm, il prit un grand couteau de maison à lame courbe et se mit à couper des épines; il sema ces épines devant sa maison et autour de la palissade, puis il alla puiser de l'eau; il remplit de cette eau les jarres et les pots. Alors, tout étant prêt, il descendit de chez lui, attacha la porte, enleva l'escalier, se déguisa en religieux ermite et dit à néang Amittada :

— O néang Amittada, ne sort pas d'ici pour t'aller promener.

Cette recommandation faite, Chuchok Préahm verse des larmes, prend ses babouches et les chausse, prend sa besace et son bâton de voyage et se dirige directement vers le Chédok-nokor.

IX

Etant arrivé dans cette capitale, il demanda aux habitants :

— Voulez-vous me dire où est allé Préas bat srey Vésandâr, que vous avez chassé du royaume?

Mais les gens, qui ont compris que Chuchok Préahm cherche Préas bat srey Vésandâr, se fâchent contre lui et lui répondent :

— Pourquoi viens-tu nous interroger? [pourquoi] cherches-tu Préas bat srey Vésandâr? C'est à cause de [gens comme] toi qu'on a chassé Vésandâr, néang Métry et les deux Préas réachéa bot, qu'ils sont allés se réfugier dans la montagne Vongkot bâropot. Allons, dis-nous pourquoi tu viens encore le demander ici?

Et ces gens, ramassant des mottes de terre, les lui jettent; d'autres, ayant pris de gros bâtons, le frappent avec ces bâtons et le poursuivent en l'injuriant. Chuchok Préahm, effrayé, s'enfuit, sort de cette ville et s'achemine (1) vers la route qui conduit à la montagne de Vongkot bâropot.

Etant arrivé dans la forêt, Chuchok Préahm aperçoit des éléphants sauvages, des tigres, des panthères féroces; ils sont très nombreux dans cette forêt et Chuchok Préam, effrayé, peureux, pousse des cris et pleure. Tout seul il continue de chercher la demeure de Préas bat srey Vésandâr, mais ne parvient pas à la trouver. Alors, tous les chiens de Chéttabot, qui entendent les cris de Chuchok Préahm qui crie, pleure dans la forêt, s'élancent en aboyant, courent après lui et le chassent en le mordant. Chuchok Préahm, en voyant ces chiens qui courent

____

(1) Les textes singalais disent : « Guidé par les dévas ».

après lui, qui le chassent et le mordent, est pris de frayeur et s'enfuit, laissant tomber sa besace de son épaule, saisit un arbre et y grimpe en criant :

— Yus! ya! yus! ya!

Puis il se lamente en pensant à néang Amittada, son épouse :

— Ah! néang Amittada, qu'as-tu fait en notre maison? pour quels motifs me suis-je égaré en cette forêt?

Cependant, Chéttabot, qui est chargé de surveiller la route qui conduit à la montagne Vongtot bâropot, a entendu les aboiements des chiens; il a pris son arc et l'a bandé. Voilà maintenant qu'il accourt et qu'il saute les obstacles. Il aperçoit le Préahm effrayé qui reste caché au milieu des branches de l'arbre et se dit :

— Je comptais sur un animal quelconque et je vois que je trouve un préahm. C'est à cause de [gens comme] lui que les habitants [de Chédok-nokor] ont chassé Préas bat srey Vésandâr, néang Métry, les deux Préas réachéa bot et les ont obligés d'aller se réfugier à la montagne de Vongtot bâropot. Maintenant, ce Préahm poursuit Préas bat srey Vésandâr jusqu'ici; il vient certainement lui demander sa femme et ses enfants. Dans ce cas, pourquoi le laisserai-je aller? Je vais le tirer [avec mon arc] et le tuer sans pitié.

Chuchok Préahm, ayant entendu les réflexions que Chéttabot se faisait [tout haut], fut effrayé; craignant d'être tué par lui, il lui dit :

— Eh! mon ami, tu viens de dire que tu vas le tirer et le tuer, mais que vas-tu tirer?

Chéttabot lui répondit :

— Moi, je n'ai pas d'amis, je vis tout seul dans cette forêt. C'est toi que je vais tirer et tuer immédiatement.

Chuchok Préahm lui dit encore:

— Tu ne sais même pas ce que je te dis, et puisque tu es seul à avoir un arc et que tu veux tirer sur n'importe quelle personne, tire donc, mon ami. Moi, je ne suis pas un misérable qui va mendier les aumônes d'autrui, je suis un envoyé royal du Préas bat srey Sânhchey. Préas bat srey Vésandâr est son Préas réachéa bot, et comme il s'est séparé de lui depuis longtemps déjà, comme il est venu s'établir dans la forêt, le Préas bat srey Sânhchey m'a envoyé voir son prah réachéa bot, car il craint qu'il soit en mauvaise santé. Et dire, mon ami, que tu voulais tirer sur moi pour me tuer, tire donc sur moi [maintenant]. Seulement, ami, tu mourras aussi. Pourquoi je dis cela? Parce que ce que tu auras fait ne restera pas ignoré. Préas bat srey Sânhchey et néang Sôbassoppedey l'apprendront et ils enverront le Péochéa-khéat (1) s'emparer de toi, ami, pour te faire mourir sans pitié, en disant que tu es un insolent d'avoir

---

(1) *Bourreau* peut-être du sanscrit *pukkaçala*, vil, bas, nom qui désigne un homme de basse caste, un *tchandala*, par exemple. Un autre sâtra, le *Préas Éynd*, donne le nom de *tchandala* au bourreau.

oser tirer et tuer leur Préas réachéa bâmrœuh (1). [D'autre part], si je meurs, j'irai prendre ma renaissance au paradis; quant à toi, ami, qui vas mourir, tu iras certainement en enfer, comme je le dis, sans manquer.

Chêttabot, ayant entendu les paroles du préahm, dit:

— Tiens! il n'avait rien dit tout d'abord; maintenant qu'il s'agit de tirer sur lui, il prétend qu'il est Préas réachéa bâmrœuh du Préas bat srey Sânhchey.

Le préahm répond alors :

— Oh! ami, comment peux-tu parler ainsi! tu ne m'as rien demandé, comment pouvais-je te répondre?

LE MAHA RUSET ACHÔTTARAS INDIQUE À CHUCHOK PRÉAHM LA ROUTE QUI CONDUIT
À L'ERMITAGE DE VÉSANDAR

Chêttabot, ayant entendu ces paroles de Chuchok Préahm, crut qu'il était vraiment Préas réachéa bâmrœuh du Préas bat srey Sânhchey, qu'on l'avait vraiment envoyé au Préas bat srey Vésandar, sans même soupçonner que Chuchok Préahm pouvait mentir. Alors, il l'appela en disant :

— Mon ami, s'il en est ainsi, descends donc de ton arbre.

Chuchok Préahm répondit :

— Non, mon ami, je n'ose pas descendre, parce que j'ai trop peur de tes chiens, ami.

Chêttabot insista :

— Voyons, descends donc, ne crains rien; moi, je reste ici.

Chuchok Préahm répondit encore :

(1) Envoyé royal.

— Oh! ami, comment peux-tu parler ainsi? Ainsi, [toi] et moi nous pouvons causer ensemble, tu veux encore tirer sur moi pour me tuer pendant que je descendrai. Les chiens sont des animaux; savent-ils parler, eux (1)?.

Chéttabot s'empressa alors d'arrêter les chiens; quand ils furent attachés, il invita le préahm à descendre immédiatement.

Chuchok Préahm lui répondit :

— Mon ami, viens donc m'aider un peu; moi, je ne pourrais descendre [tout seul], non.

Chéttabot répondit :

— Oh! voici que tu me demandes mon aide maintenant [pour descendre], mais lorsque tu as grimpé à cet arbre, qui t'a soulevé?

Chuchok répondit :

— Mon ami, c'est la frayeur que j'avais des chiens qui me poursuivaient qui m'a donné la force de monter sur cet arbre; je me suis efforcé de monter et j'ai pu monter; mais maintenant que je n'ai plus de frayeur, que j'ai retrouvé mon calme, je ne puis plus descendre, ami. Si donc, ami, tu as de pitié de moi, viens, ami, me recevoir, me soutenir un peu.

Alors Chéttabot s'empressa d'aller recevoir, soutenir Chuchok Préahm, qui se trouvait entre deux arbres réunis, et le fit descendre à terre. Chéttabot et Chuchok Préahm s'étant tous deux assis sur l'herbe, se mirent à causer ensemble et, finalement, se proposèrent de se lier d'amitié. Puis Chuchok Préahm demanda à Chéttabot :

— Maintenant, mon ami, dis-moi de quel côté est la résidence de Préas bat srey Vésandàr réachéa?

Chéttabot et Chuchok Préahm se lient d'amitié. Chéttabot prépare des vivres pour Chuchok Préahm qui les mange, puis il lève la main et lui montre la route avec le doigt en disant :

— Mon ami, vois la route qui conduit chez le Préas bat srey Vésandàr; va tout droit en partant d'ici, puis regarde là-bas où il y a une montagne nommée Konthamat-bàropòt. Le Préas bat srey Vésandàr, néang Mètry et les deux préas réachéa bat, qui se sont faits *bxos* (2), habitent au pied du versant nord de cette montagne. O préahm, tu y verras des arbres chargés de fleurs, de fruits en grand nombre et de couleurs diverses, qui ressemblent à des fleurs d'anchéan (3). O Préahm, ces arbres sont des trabèk (4), des réang (5), des

(1) Ce passage est obscur; cependant, je crois comprendre que le préahm dit à peu près ceci : « Nous avons pu nous entendre parce que nous avons parlé; mais comment les chiens, qui ne savent pas parler, savent-ils que nous sommes d'accord? »

(2) Ermite; du pâli : *Upassi*; signifie aussi religieux en cambodgien moderne.

(3) Sorte de pois à fleurs violettes.

(4) Goyaviers.

(5) Espèce d'arbrisseau dont on mange les feuilles tendres et dont les fleurs roses rappellent celles du marronnier.

pongrà (1), des dôkpor, des sàkròm (2), des chbœu-téal (3) ; quand les vents soufflent, ils courbent les cimes de ces arbres, les réunissent entre elles, puis les séparent. Les bêtes ailées gazouillent leurs chants sur les cimes et sous les branches de ces arbres ; on dirait des cantiques célestes chantés par les anges du paradis. La forêt, tout près de la sala, possède de nombreux arbres agréables à voir, des klèng-kong (4), des puk-chhmar, couverts de fleurs épanouies ; il y en a d'autres qui gisent à terre. Cette forêt possède aussi des orangers de toutes espèces, des orangers de Chine, des orangers de Pursat (5), des pamplemousses, des citrons, des bassins pleins d'eau claire et douce comme l'[eau du] bassin de Bokkhaney. Les tavàuv (6), perchés sur la cime des arbres, chantent d'une voix agréable à entendre. A l'endroit où se trouve le Préas bat srey Vésandàr souffle, tantôt du sud, tantôt de l'ouest, un vent qui apporte la bonne odeur des fleurs de nénuphars qui poussent dans le srà Bokkhaney (7), et cette odeur parfume toute la demeure du Préas bat srey Vésandàr. Le pûch sàley (8) pousse seul, sans qu'on soit obligé de labourer ou de sarcler les mauvaises herbes. O préahm, celui qui pourra atteindre l'endroit de la forêt où le Préas bat srey Vésandàr habite, celui-là sera content, plein de bonheur, de jouissance et de plaisir. Il trouvera là des arbres de toutes sortes, qui ont des fleurs superbes et qui répandent des parfums délicieux. O préahm, sur les deux rives du srà Bokkhaney poussent des plantes à fleurs de différentes couleurs ; il y en a qui sont bleues, rouges et blanches ; il y en a qui sont noires, jaunes et violettes, belles comme [les fleurs du] paradis. O préahm, Préas bat srey Vésandàr s'est fait buos moha risey (9).

Chéttabot, en vantant la demeure de Préas bat srey Vésandàr, renseigne Chuchok Préam, qui est très joyeux et qui répond :

— O Chéttabot, ce que tu dis est très agréable à entendre et très harmonieux ; tiens, prends cette viande séchée, couverte du miel des abeilles, et mange-la.

Alors Chéttabot lui dit :

— O préahm, économise, mon ami ; [économise] tes provisions, car tu as encore beaucoup à marcher. O préahm, sur la route qui conduit chez le Préas

(1) Petit arbre à fruits.
(2) Gros arbre dont on tire les colonnes.
(3) Gros arbre dont on tire le bois de construction.
(4) Gros arbre.
(5) Poursat, ou Pursat comme disent les Français, ville et province du Cambodge située au sud-ouest du grand lac, siège d'un résident français ; célèbre par le cardamome qui provient des phnom Krevanh (montagnes du Cardamome) et par les oranges auxquelles elle donne son nom.
(6) Espèce de coucou dont le nom est une onomatopée. Cet oiseau a les plumes régulièrement d'un brun foncé, le bec noir. Il dépose le plus souvent ses œufs dans les nids des corbeaux. Son cri est très puissant ; il le pousse la nuit et le jour.
(7) Du pâli : *sara pokkarani*, bassin des lotus.
(8) Du pâli *sâli*, riz ? Le mot cambodgien *sack* signifie : « céréales ».
(9) Religieux, grand richi, ermite.

bat srey Vésandàr, il y a un moha risey, nommé Achôttabas (1), qui observe les préceptes; il demeure sur la route. Ses dents sont blanches et ses cheveux sont crépus. Quand, mon ami, tu arriveras chez lui, tu le prieras de te montrer la route qui conduit chez le Préas bat srey Vésandàr, il te la montrera, mon ami.

Chuchok Préahm, ayant entendu les paroles de Chéttabot, lui dit adieu et repartit dans la direction qu'il lui avait indiquée.

X

Comme Chuchok Préahm suivait la route que Chéttabot lui avait montrée, il fit la rencontre du moha risey Achôttabas. Il fut très content. Alors, s'adressant au moha risey, il lui dit :

— Grand maître (2), comment vous portez-vous depuis que vous avez acquis des mérites religieux, [depuis que vous êtes] devenu moha risey, grand maître?

Achôttabas, ayant entendu ces paroles, répondit :

— Quant à moi, depuis que j'ai acquis des mérites religieux, [depuis que je suis] devenu moha risey, il y a bien longtemps déjà je n'ai eu aucune maladie corporelle.

Puis il ajouta :

— O préahm, tu viens de loin, tu dois avoir chaud; viens te baigner afin de te rafraîchir; ensuite, tu te coucheras à ton aise et tu respireras un air agréable; si tu as faim, viens chercher dans les arbres les fruits les plus mûrs; rassasie-toi, apaise ta faim. Si tu as soif, bois l'eau de la jarre. Ne sois pas timide. Si tu as quelque chose à me dire, tu parleras ensuite.

Chuchok Préahm répondit :

— O moha risey, bien que je sois venu ici sans lettre, je suis chargé par le Préas bat srey Sànhchey, père du Préas bat srey Vésandàr, d'aller voir son préas réachéa bat, qui est depuis si longtemps déjà séparé de lui. C'est pour ce motif que je suis venu; dites-moi, je vous prie, de quel côté se trouve le Préas bat srey Vésandàr, afin que je puisse l'aller trouver.

Le Tabos (3) moha risey, après avoir entendu ces paroles, sentit le soupçon pénétrer en son cœur. Il dit :

— O préahm, mais je pense que tu viens pour demander [en aumône] néang

---

(1) En pâli : *Accuta tâpaso*, le religieux Accuta. Le texte singhalais dit qu'il demeurait près d'une roche nommée Vipula et fait de lui un ancien précepteur de Vésantara.
(2) Am-méachas.
(3) Ermite.

Métry, qui est akkamahésey (1). Je n'en sais rien, mais je crois que tu veux demander [en aumône] néang Krésna et Chuly. Est-ce que je me trompe? Quant au Préas bat srey Vésandar, il a acquis des mérites religieux dans la forêt où il vit sans paddy, ni riz, ni sampot, ni vêtement, etc.; il n'a ni or, ni argent, ni esclaves mâles, ni esclaves femelles, ni buffles, ni bœufs, ni charrettes, ni chevaux, ni éléphants. Il n'a que sa femme et ses deux enfants.

Chuchok-Préahm, ayant entendu les paroles du moha risey, qui n'étaient pas agréables à entendre, répondit :

— O préas moha risey, je vais vous parler. Je suis un homme qui observe

CHUCHOK PRÉAHM DORT, SA BOSSE DANS UN « BLOC DE ROCHER »

les préceptes, je ne veux comprendre que celui qui a des principes, que celui qui est religieux. Lorsque les peuples ont envoyé ici Préas bat srey Vésandar, je ne l'ai pas su, je ne l'ai pas vu. C'est pour cela que le Préas bat srey Sanhchey m'a envoyé ici. O moha risey, si vous savez où est la demeure du Préas bat srey Vésandar et quelle route y conduit, dites-le moi franchement.

Le tabos moha risey, ayant écouté les paroles du préahm, crut en lui; alors, il chercha des fruits d'arbre bien mûrs et les lui donna à manger. Le préahm, après les avoir mangés, se coucha auprès du moha risey et dormit là toute une nuit. Le lendemain matin, le moha risey le prit par la main, le conduisit un peu, puis, levant la main, il lui montra la route avec le doigt en disant :

— O préahm, la montagne qui est là-bas se nomme Kanthamat-bàropot;

(1) En pâli restitué : *Aggamahisî*, la première épouse du roi, la reine.

c'est là que le Préas bat srey Vésandâr habite avec les préas réachéa bat et sa préas réach'a tépi (1), tout au pied de la montagne. O préahm, cette montagne est couverte de rochers et habitée par beaucoup d'animaux qui perchent sur les arbres, chantent à leurs cimes, sont aussi agréables à entendre qu'un chant humain. O préahm, la demeure du Préas bat srey Vésandâr est très agréable, le terrain en est également aplani ; presque tous les arbres portent des fruits mûrs et, à terre, [d'autres fruits] gisent où ils sont tombés. O préahm, l'eau du bassin Bokkhaney est agréable à boire ; des lotus y poussent en grande quantité des fleurs rouges et blanches. Le Bokkhaney offre un aussi agréable et aussi beau point de vue que le paradis.

Le tabos moha risey fait ainsi à Chuchok Préahm la louange du bassin [de Bokkhaney], puis il fait encore l'éloge du bassin Muchchâlin (2).

— O préahm, le srâ Muchchâlin produit une grande quantité de lotus à fleurs blanches, rouges ou bleues, épanouies ou fanées sur leur pollen et dans l'eau. O préahm, les arbres de différentes espèces ont poussé alignés et formant des allées qui conduisent au srâ Mucchâlin ; ses rives sont plates, belles et gaies. O préahm, dans ce bassin on trouve des poissons chhkok, thpin, châkréng, andéng, des poissons à huile, [des poissons] chipô, chdôr, réahuor, des cầnnans, des requins, des mokâr, qui nagent, montent et descendent. Dans la forêt, il y a une grande quantité d'animaux à quatre pieds : des réachéa sey (3), des éléphants, des lions, des rhinocéros, des tigres, des panthères, des bœufs sauvages... O préahm, des deux côtés du bassin il y a des cannes à sucre dont les nœuds sont longs. Celui qui les coupe et qui les mange n'a ni soif ni faim.

— Chuchok Préahm, ayant écouté les paroles du moha risey, se sentait heureux. Il lui fit alors ses adieux et se dirigea directement vers l'endroit où demeurait le Préas bat srey Vésandâr.

Tenant toujours compte des renseignements que le moha risey lui avait donnés, Chuchok Préahm parvint au srâ Bokkhaney, qui compte huit côtés et dont les rives sont régulières et unies. Alors, se tenant arrêté, debout, son bâton sous son menton, il regarde à droite et à gauche, puis, tournant la tête vers le couchant, il se dit :

— La nuit est déjà proche ; si je me présente maintenant, je rencontrerai certainement néang Métry et je ne pourrai pas, elle étant là, demander ses enfants. Les femmes, c'est généralement leur nature, disent ceci, puis cela, bavardent sans cesse. Dans ces conditions, [il vaut mieux attendre] ; j'irai

(1) On trouve aussi la leçon *dêvi* (sûtra du roi Chéaly). Ces deux variantes du même mot proviennent du sanscrit-pâli *dêvi*, qui signifie dieu femelle, mais qui entre dans le titre que portent les reines et les princesses. Il signifie ici : *para râja dêvi*, précieuse et divine reine.

(2) Du pâli *mucalinda*, un des cinq mahâsars.

(3) Lions royaux.

demain trouver le Préas bat srey Vésandăr, je lui demanderai ses deux préas réachéa bat et je les emmènerai avec moi aussitôt qu'il me les aura donnés, sans attendre le retour de néang Métry; quand elle reviendra de la forêt, je serai déjà bien loin.

Chuchok Préahm ayant ainsi réfléchi et pris une résolution, se rend au pied de la montagne et cherche un arbre ayant un trou pour y appuyer la bosse de son dos. Ne trouvant pas un arbre, il revient sur ses pas et se met à chercher une pierre ayant un trou qui convint à sa bosse; il la trouve et se couche commodément dessus.

XI

Cette nuit même, néang Métry eut un songe; elle vit un homme dont le corps était noir et les cheveux crépus, dont les oreilles étaient ornées de fleurs; il tenait un couteau et pénétrait en courant dans la sala où elle était, la saisissait par les cheveux, la tirait violemment et la jetait à terre; puis, avec son couteau, il lui crevait les deux yeux et lui coupait les deux mains. Néang Métry s'étant éveillée en sursaut, était très effrayée, tremblait de tout son corps. Elle se dit :

— Oh! le mauvais rêve que j'ai fait. Si j'étais encore dans notre ville royale, j'aurais des astrologues pour expliquer mon songe. Maintenant que je suis une misérable vivant dans la forêt, qui vais-je consulter? Qui pourra m'expliquer mon songe?

Néang Métry pensa ensuite :

— O Préas bat srey Vésandăr, mon mari; nul ne peut vous être comparé pour la science des devins. Vous m'expliquerez mon songe.

Ayant ainsi pensé, elle prit son sampot, le jeta sur ses épaules et s'en fut, malgré la nuit, trouver le Préas bat srey Vésandăr dans sa sala. Elle heurte trois fois la porte avec sa main droite. Préas bat srey Vésandăr s'éveille, écoute et se dit en lui-même :

— Eh! qui est venu frapper à cette porte? Si c'est un fantôme, c'est en bas que la porte doit être frappée; si c'est un ange, c'est en haut qu'elle doit être heurtée. Or, c'est au milieu que cette porte est frappée.

Alors il demanda :

— Qui est là, qui frappe à cette porte?

Néang Métry lui répondit :

— C'est moi, néang Métry.

Préas bat srey Vésandăr dit :

— Eh! néang Métry, que voulez-vous à cette heure de la nuit? A notre

arrivée ici, nous avions décidé ensemble que vous ne viendriez jamais à moi
que quand vous auriez une affaire grave, que vous ne viendriez jamais à moi
sans motif. Or, comment se fait-il que vous veniez ainsi pendant la nuit?

Néang Métry répondit :

— O Préas bat srey Vésandàr, seigneur, je viens à vous pendant la nuit,
c'est vrai, mais je n'y viens pas dans l'intention de coucher avec vous; je viens
à vous parce que j'ai eu un songe affreux, afin que vous me l'expliquiez.

— O néang, dit Préas bat srey Vésandàr, vous avez eu un songe.

— Oui, j'ai eu un songe, un songe affreux, dit néang Métry en se
prosternant.

Préas bat srey Vésandàr dit alors :

— Racontez-moi votre songe, néang, mais sans m'approcher. Laissez-moi
le deviner et je vous le dirai.

Néang Métry raconta son rêve tout à fait comme elle l'avait eu. Alors Préas
bat srey Vésandàr en ayant compris la signification, pensa : « Demain matin,
un mendiant viendra me demander mes enfants. » Alors il dit :

O néang Métry, votre songe est très beau. Ne vous inquiétez pas. Demain,
de bon matin, prenez vos paniers et les cordes pour les porter, puis allez dans
la forêt cueillir les fruits des arbres. Néang Métry retourna chez elle. Le
lendemain matin elle alla puiser de l'eau et la présenta au Préas bat srey
Vésandàr, puis elle balaya la demeure. Ceci fait, elle prit dans ses bras ses
deux enfants et, les embrassant, elle leur fit quelques recommandations :

— O enfants bien-aimés de leur mère, ne soyez pas imprudents; amusez-
vous tous deux près de la sala mais ne vous écartez pas trop loin parce que j'ai
eu cette dernière nuit un songe affreux.

Néang Métry ayant fait cette recommandation à ses deux enfants, s'en alla
trouver Préas bat srey Vésandàr et lui dit :

— Préas Angk, veillez bien sur les deux enfants, n'ayez pas l'imprudence de
les laisser aller jouer trop loin de vous. Qu'ils jouent près de la sala.

Ces recommandations faites, elle prit ses paniers, les cordes pour les porter,
le crochet [pour la cueillette des fruits], et partit pour la forêt avec des larmes
plein les yeux.

XII

Cependant Chuchok Préahm ayant dormi sur la pierre jusqu'au matin
avancé, s'était réveillé; il jeta un coup d'œil vers l'Est et dit :

— Ah! ah! le soleil est déjà bien haut.

Alors il tire à lui sa besace, la place sur son épaule, saisit son bâton de
l'autre main et se dirige vers la sala de Préas bat srey Vésandàr.

Le Préas bat srey Vésandâr était en ce moment assis sur une pierre qui se trouvait devant la sala, et les deux préas réachéa bat, ses enfants, jouaient près de lui. Apercevant Chuchok Préahm qui venait à lui, il l'appela et lui dit :

— Eh! préahm, approchez-vous donc.

Puis, s'adressant à ses deux enfants, il ajouta :

— O Ba-Chuly, mon enfant, te souviens-tu du jour où nous habitions la capitale du Chédok-nokor; tous les matins, mon fils, les préahm mendiants venaient, sans jamais manquer, nous demander l'aumône. Or, depuis sept mois que nous habitons cette forêt, personne n'est venu nous voir. Le seul, Chu-

CHUCHOK PRÉAHM DEMANDE EN AUMÔNE LES ENFANTS DE VÉSANDÂR

chok Préahm que voici, est venu. Il est aussi beau que les anges du paradis.

Ba-Chuly répondit :

— O seigneur, mon Préas Vo beyda, je le vois aussi beau que le Préas Prômh (1), chef des tévôdas, quand il descend du paradis.

Néang Krésna ajouta :

— Mon frère Chuly, moi je trouve que ce Chuchok Préahm ressemble à un vautour. Comment pouvez-vous dire qu'il est beau comme le Préas Prômh du paradis?

Alors Ba-Chuly et néang Krésna se prosternent devant leur Préas Vo beyda et le saluent avant d'aller au-devant de Chuchok Préahm.

Pendant ce temps Chuchok Préahm se disait à part lui :

— Ces deux enfants que je vais demander comme esclaves doivent être très fiers d'être les enfants du roi. Je vais les menacer un peu.

(1) Un dieu Brahma.

Chuly s'approchant de Chuchok Préahm lui dit :

— Vieillard, donnez-moi votre besace afin que je la porte; afin que vous ne vous fatiguiez pas davantage.

Chuchok Préahm s'emporta et dit :

— Quoi! qu'est-ce qu'il y a? Ecartez-vous de moi, si vous ne vous écartez pas de suite je vais vous battre.

Et Chuchok Préahm leva son bâton pour en frapper Ba-Chuly. Alors Ba-Chuly s'adressant à néang Krésna lui dit :

— Sœur, ce vieillard a le cœur mauvais, il est inhumain et ne connaît pas les convenances.

Les deux enfants s'écartèrent de Chuchok Préahm (1) et celui-ci se dirigeant vers Préas bat srey Vésandâr lui dit :

— Seigneur qui êtes venu habiter cet endroit comment vous portez-vous, et votre femme et vos enfants comment se portent-ils?

Préas bat srey Vésandâr, ayant entendu cette demande, répondit :

— O préahm, je me porte bien, ma femme et mes enfants se portent également bien. Tenez, préahm, prenez de l'eau dans cette jarre, et baignez vos pieds afin qu'ils soient propres. Montez ici, et si vous voulez manger divers fruits des arbres, choisissez-les à votre goût et mangez-les.

Cependant Préas bat srey Vésandâr réachéa se disait :

— Maintenant que ce préahm est venu ici, que va-t-il me demander? Quel souhait va-t-il former? Je vais l'interroger.

Et le Préas bat demanda :

— Eh! préahm, dans quelle intention êtes-vous venu ici; que voulez-vous me demander? Entrez et parlez avec sincérité.

Chuchok Préahm ayant entendu ces paroles répondit :

— Je me prosterne devant vous, ô Préas bat srey Vésandâr; je me suis efforcé de venir de mon pays jusqu'ici parce que j'ai entendu dire que vous êtes généreux avec tous les mendiants qui viennent vous demander l'aumône, et que vous l'avez faite dix fois par jour, cent fois, mille fois; que vous n'avez aucun dégoût, aucune répugnance pour les mendiants. Seigneur, je ne vous cacherai pas mon intention en venant ici. Je suis venu pour vous demander vos deux préas réachéa bat afin qu'ils soient les domestiques de néang Amittada, mon épouse. Donnez-moi donc vos deux enfants.

Préas bat srey Vésandâr fut très content d'entendre la demande que lui faisait Chuchok Préahm; il était aussi content qu'un pauvre misérable qui, n'ayant pas à lui une sapèque à dépenser, trouverait tout à coup 1.000 dâmlœng d'or. Il dit au préahm :

____

(1) Cette scène de brutalité ne se retrouve pas dans la version singalaise si je m'en rapporte à Spence Hardy.

— O préahm, je suis bien heureux de vous entendre dire que vous venez me demander l'aumône. O préahm, mes deux enfants sont mes bien-aimés enfants, dignes de louanges. Si vous les désirez, je vais vous les donner. Vous passerez la nuit ici; attendez ce soir le retour de néang Métry qui est allée cueillir des fruits dans la forêt. Elle lavera les deux préas réachéa bat, les parfumera et les ornera de fleurs. Vous les emmènerez demain de bonne heure et vous emporterez les fruits que néang Métry va rapporter, afin de ne pas vous mettre en route sans vous approvisionner de vivres.

Chuchok Préahm répondit :

— Non, seigneur, je ne veux pas rester ici. Je ne suis pas content de vous qui voulez me retenir. Je serai bien heureux, au contraire, si vous voulez me laisser partir maintenant, parce que je ne veux pas me trouver en présence de néang Métry. Les femmes ne sont pas comme nous; il n'y en a pas une seule qui soit vraiment religieuse et charitable aux mendiants. Elles sont toutes avares, dures, entêtées et bavardes, causant de ceci et de cela. Seigneur, si vous me donnez dès maintenant vos enfants en aumône, il ne faut pas laisser à leur mère le temps de revenir de la forêt.

Préas bat srey Vésandár lui répond :

— Oui, Préahm, si vous ne voulez pas voir néang Métry, qui est une femme religieuse, charitable, cela vous regarde. Seulement laissez-moi vous dire un mot :

Préahm, si vous menez ces deux enfants au Chédok-nokor dont Préas bat srey Sánhchey, leur grand-père, est roi, et s'il apprend que ces deux enfants sont ses deux petits-enfants, il vous remettra beaucoup d'or, beaucoup d'argent, des bœufs, des buffles, des éléphants, des chevaux, des objets de toutes sortes.

Chuchok Préahm répondit :

— Non, seigneur, j'ai grand'peur du Préas bat srey Sánhchey, qui est un grand roi. S'il voyait ses deux petits-enfants [entre mes mains], il se fâcherait certainement contre moi, et il enverrait des réach-amat pour m'arrêter et me tuer. C'est alors pour cela que je me serais dérangé. Si pareille chose arrivait, la nouvelle en parviendrait jusqu'à néang Amittada, mon épouse, alors elle me poursuivrait de ses reproches et de ses insultes en disant : « O vieux préahm, comment vous étiez arrivé jusqu'au Préas bat srey Vésandár, il vous avait déjà remis ses enfants et, au lieu de regagner votre pays, vous menez ces enfants dans le pays de leur grand-père. »

Préas bat srey Vésandár lui répondit :

— O mon préahm, Préas bat srey Sánhchey est un roi très religieux, très vertueux, très charitable. Il n'est pas un roi mauvais et avare. Mais s'il reconnaît ses deux petits-enfants entre vos mains, il les rachètera très certainement en vous donnant beaucoup de biens, de la fortune, des richesses.

Chuchok Préahm dit :

— Non, seigneur, je n'irai pas. J'emmènerai vos enfants à néang Amittada, mon épouse, afin qu'ils soient ses esclaves. Si je puis les faire travailler, tant mieux; si je ne puis pas, je les revendrai dans mon pays pour avoir des biens, sans me dire qu'ils sont fils de roi, comme s'ils étaient les enfants de n'importe qui.

Cependant chau Chuly et néang Krésna, les deux enfants, entendant les paroles de Chuchok Préahm, s'enfuirent effrayés derrière la sala, puis de là dans un buisson d'arbrisseaux. Ils tremblaient des jambes et des bras et ne songeaient qu'à fuir l'affreux préahm. Ils s'excitaient l'un l'autre à s'aller cacher dans les eaux du bassin. Quand ils y furent descendus, Chuly cassa des feuilles de lotus et en couvrit la tête de néang Krésna, puis avec d'autres feuilles qu'il cassa il couvrit sa propre tête.

Chuchok Préahm s'apercevant de la disparition des deux enfants se facha; sa figure dessina une laide grimace, puis il injuria le Préas bat srey Vésandâr :

— Tu as laissé prendre la fuite à tes enfants; ils sont maintenant cachés; ils ont disparu. Tu voulais me garder à coucher ici toute une nuit; j'ai refusé. Alors tu m'as dit de conduire tes enfants au Chédok-nokor; j'ai refusé de les y conduire; je l'ai dit une fois pour toutes que je les conduirai au srok Kloeng-kréas, afin qu'ils y soient les esclaves de néang Amittada, mon épouse. Alors, tu t'es entendu avec tes enfants pour les faire fuir, pour les faire disparaître. Ah! ah! si j'avais su que tu es un menteur, je ne serais pas venu te demander tes enfants.

Préas bat srey Vésandâr répondit :

— O cher Préahm, ne soyez pas inquiet de mes enfants. Je me porte caution pour eux. Je vais me mettre à leur recherche et vous les donner.

Chuchok Préahm dit :

— Oh! qui ne sait ce que vous allez faire? Vous allez faire un demi-tour derrière la sala, puis vous allez faire un autre demi-tour, et vous reviendrez me dire en mentant que vous ne les avez pas retrouvés.

Préas bat srey Vésandâr entendant ces paroles de Chuchok Préahm ne se facha point, il se leva et s'en alla derrière la sala à la recherche des deux prah réachéa bot; il ne les vit pas; alors il suivit leurs traces jusqu'au bassin, mais il ne les vit pas. Alors, très soucieux il disait :

— O chau Chuly, mon enfant, mon ami, voici maintenant que ce préahm outrage, insulte votre père. Venez, mes enfants, afin que votre père puisse vous donner en aumône au préahm. Si vous ne revenez pas, vous serez comme si vous preniez votre père et le mettiez sur un tas de bois auquel vous mettriez ensuite le feu afin de le brûler. Si vous revenez, vous serez comme si vous preniez de l'eau fraîche et la répandiez sur votre père afin de le rafraîchir, de lui être agréable et de lui donner du bonheur.

Chau Chuly à ces paroles de son père se demandait :

— Que vais-je devenir? qui sait si ce préahm ne va pas me rudoyer, me tuer? Qu'importe, je vais me rendre à lui afin que mon père ne demeure pas dans l'inquiétude où il est.

Cette résolution prise, il rejeta de sur sa tête la feuille de lotus sous laquelle il se tenait caché, puis, en pleurant, en se lamentant, il remonta la berge et s'en alla rejoindre son préas Vo beyda.

Préas bat srey Vésandar, passant doucement la main sur le dos du Préas réachéa bot (1), le caressait et le consolait en disant :

CHAU CHULY ET NÉANG KRÉSNA, LES ENFANTS DE VÉSANDAR, CACHÉS DANS UN BASSIN,
SOUS DES FEUILLES DE LOTUS

— O Ba-Chuly, mon fils bien-aimé, où est allée néang Krésna (2), votre sœur? Je ne la vois pas revenir.

— O seigneur, mon père, repartit le chau Chuly, quand la peur nous a saisis tous les deux, nous avons séparément pris la fuite, chacun de notre côté, si bien que la sœur ne savait pas où allait le frère et que le frère ne savait pas où allait la sœur. Je ne sais pas de quel côté s'est enfuie néang Krésna.

— O mon fils, dit le Préas bat srey Vésandar, vous vous êtes entendus tous les deux, et vous avez conseillé à votre sœur de se cacher.

Puis, s'adressant à néang Krésna, il ajouta :

— O ma fille, néang Krésna, ma bien-aimée, voyez ce préahm qui insulte, qui outrage votre père. Venez, afin que je vous donne en aumône à ce préahm, et ne laissez pas insulter, outrager votre père.

(1) En pâli restitué *rája putto*, roi-fils, prince royal.
(2) Demoiselle Bois d'aigle.

Néang Krésna, étant ainsi interpellée par son préas Vo beyda, se disait :

— Je dois remonter et me rendre, car il ne convient pas que mon père souffre à cause de moi.

Alors néang Krésna rejeta de sa tête la feuille de lotus qui la cachait et parut toute pleurante aux yeux de son prah Vo beyda.

Les larmes qui s'échappaient ainsi des yeux des deux préas réachéa bot et qui tombaient sur les pieds de Préas bat srey Vésandâr, en vérité, étaient belles comme des gouttes d'or; les larmes qui s'échappaient des yeux du Préas bat srey Vésandâr et qui tombaient sur le dos des deux prah réachéa bot, en vérité, brillaient comme brillent les éclairs. Le Préas Angk passant alors ses mains sur le dos des deux préas réachéa bot pour les caresser, leur disait :

O mes bien-aimés enfants, vous ne connaissez pas le cœur de votre père. S'il vous donne en aumône au préahm, c'est qu'il n'a d'autre aspiration que d'être un jour le véritable Préas Put (1). O mes enfants si votre père devient Buddha, il délivrera les damnés qui sont dans les lieux infernaux et leur donnera les moyens de reprendre leur naissance dans les paradis.

Puis Préas bat srey Vésandâr fixa le prix de rachat des deux enfants disant :

— O Ba-Chuly, mon fils, votre père fixe le prix de votre rachat à 1.000 dâmlœng d'or. Si plus tard vous pouvez vous procurer 1.000 dâmlœng d'or et les remettre au préahm, vous recouvrerez entièrement votre liberté. Quant au prix de rachat de néang Krésna, votre sœur, Ba-Chuly, votre père ne peut le fixer à un prix moins élevé que le vôtre. C'est impossible, et votre père après avoir réfléchi dit : « De peur qu'un riche, qu'un homme fortuné veuille racheter votre sœur pour en faire son esclave, ce qui la mettrait au rang des simples habitants, votre père fixe son prix de rachat à 100 esclaves mâles, 100 esclaves femelles, 100 éléphants, 100 chevaux, 100 charrettes, 100 asopphâréach (2), 100 vaches de sang mêlé et 100 dâmlœng d'or. Si néang Krésna, votre sœur, Ba-Chuly, trouve un jour ces choses au complet qui sont le prix de sa personne fixé par moi, elle sera libre. Mes enfants, hors le roi, nul ne pourra se procurer tout cela et vous racheter. Le roi seul le pourra.

Préas bat srey Vésandâr ayant ainsi parlé à ses enfants les reconduisit à la sala et dit au préahm :

— O préahm, venez, approchez-vous.

Le préahm s'étant approché, le Préas bat srey Vésandâr prit les mains des deux préas bat réachéa bot et les tendit au préahm. Il prit ensuite l'eau d'un kânil (3) et la répandit à terre (4).

(1) Le vrai Buddha.

(2) Sanscrit rishabha râja, taureau royal. Ce texte porte Kâ asopphoréach, ce qui est un doublet; j'ai supprimé Kâ.

(3) Flacon.

(4) Cette libation paraît une coutume ancienne, une manière de consacrer sa parole. Nous voyons dans le Tray Phûm le roi Chakrapatra (Cakravartin) verser à terre l'eau de son kânti méas (flacon d'or)

A ce moment même où le Préas Angk donnait en aumône ses deux préas réachéa bat au préahm, la terre trembla jusqu'à une profondeur de deux mille yuch (1); un bruit d'arbres, agités comme par la main des hommes, se fit entendre; les eaux de la mer se prirent à bouillonner; des tourbillons se produisirent; les vagues jaillirent et s'embrumèrent dans les airs; le phnôm préas Sumôr, qui est haut de 84.000 yuch, inclina sa cime amollie sur celle du Vongkot bâropot et la toucha (2). D'autre part, le Sâmdach Eyntréa thiréach (3), dans le paradis, se leva de son siège, applaudit de ses mains et, plein de joie, donna sa bénédiction [au Préas bat srey Vésandâr]; le Réim moha prohm (4), tous les tévobot (5), tous les tévodas (6) se réjouirent et adorèrent le Préas bat srey Vésandâr.

Chuchok Préahm, après avoir reçu les deux enfants du roi, les emmena dans la forêt et attacha la main droite de chau Chuly à la main gauche de néang Krésna; puis, avec son bâton, il se mit à les conduire en les battant. Alors, quand le préahm prenait son bâton pour frapper néang Krésna, Ba-Chuly, pris de pitié pour sa sœur, plein de compassion pour elle, tournait son dos et recevait les coups à sa place; quand le préahm prenait son bâton pour frapper Ba-Chuly, néang Krésna, prise de pitié pour son frère, pleine de compassion pour lui, tournait son dos et recevait les coups à sa place. Le dos des deux malheureux préas réachéa bat kuma était déchiré et le sang coulait à terre pendant qu'ils marchaient (7).

aux quatre points cardinaux de son empire, en disant : « Ceci est la limite de mon empire à l'est, etc. » Les territoires étaient autrefois dans l'Inde ainsi délimités cérémonieusement. Au Cambodge, encore aujourd'hui, il est d'usage de verser à terre quelques gouttes d'eau après la prière dans la pagode; celui qui bénit verse de l'eau sur la terre de celui en faveur duquel il a fait un souhait; celui qui abolit une dette, qui la remet à son débiteur, verse sur sa tête quelques gouttes d'eau; un esclave est quelquefois libéré de cette façon. La scène où Vésandâr verse l'eau est souvent représentée sur les murs des pagodes au Cambodge, mais toujours avec une variante, l'eau au lieu d'être versée à terre l'est dans la main du préahm; il faut peut-être chercher la raison de cette variante dans le fait que *main* se dit *lay* et que *terre* se dit *dey*. Hiouen Tsang dont j'ai déjà cité les *Mémoires* d'après M. Léon Feer dit qu'il y avait de son temps un stûpa bâti par par Wou-Yéou (Açoka) en cet endroit pour rappeler ce don des deux enfants, mais par une erreur imputable, soit à l'auteur chinois, soit au traducteur, le mot *donné* se trouvait être *vendu*. Voilà, au surplus ce passage : « Jadis le prince royal Siu-ta-na après avoir été expulsé du royaume demeurait sur le mont Tan-ta-lo-kia (*Dantaloka*, nous avons vu que notre version donne à cette montagne le nom de *Vonkot Miropot*). Un brahmane lui ayant demandé son fils et sa fille il les *vendit* en cet endroit. » J'estime qu'il faut lire ici le mot *remit*; avec cette correction la version chinoise sur ce point est conforme à la version méridionale et s'accorde avec un autre passage des *Mémoires* où il est dit qu'il les donna à un brahmane (Voyez Léon Feer, loc. cit., p. 177 et 178.)

(1) C'est l'épaisseur donnée à la terre par les livres sacrés.

(2) Voyez plus haut, ce qui est dit d'un prodige semblable qui s'accomplit quand il fit le vœu de donner tout ce qui lui serait demandé.

(3) En pâli restitué : *Samta Indra adhirâja*, maître Indra, roi suzerain.

(4) Le mot *réim* désigne l'aîné, probablement le plus grand des Brahma.

(5) En pâli restitué : *Deva putta*, fils de dieux.

(6) En pâli restitué : *Devata*, dieu.

(7) Hiouen-Tsang dit que, de son temps, « les plantes et les arbres avaient encore une couleur rouge », et il attribue cette couleur à ce que la terre fut rougie du sang des deux enfants que le brahmane avait battus de verges. (Loc. cit. p. 123.)

Chuchok Préahm, voulant aller au plus court chemin, heurta, par inadvertance, les pierres avec ses pieds et tomba à terre lourdement, comme si quelqu'un l'avait violemment tiré par derrière pour le faire tomber. Alors, les deux préas réachéa firent glisser les liens de leurs mains et s'enfuirent dans la direction du pràsath habité par le préas Vo beyda. Ils avaient une si grande peur d'être repris par le préahm, que tout leur corps tremblait quand ils arrivèrent à la sala; ils se prosternèrent devant leur père et c'est en sanglotant qu'ils lui dirent :

— O préas Vo beyda, comment pouvez-vous aimer ce préahm et n'avoir point pitié de nous deux, qui sommes vos enfants? N'était-il pas convenable que vous attendissiez que notre mère revint de la forêt avant de nous donner en aumône au préahm. Ce préahm nous a battus sans pitié, comme on bat les bêtes de somme. O Préas Angk, n'était-ce point assez que vous m'ayez donné en aumône au préahm, fallait-il encore que vous lui donniez néang Krésna, qui est encore toute petite, toute jeune et qui tette encore? Il serait bon que vous la reprissiez au préahm.

Préas bat srey Vésandàr écouta, sans dire un seul mot, les paroles du préas réachéa bat. Chau Chuly se lamenta, pleura et ajouta :

— Oh! quelle existence pénible ce préahm voulait nous faire; ils nous a roués de coups. Je n'aurais rien dit, mais je pensais toujours à vous, à ma mère que je n'avais pas vue avant notre départ. O bonne mère, si le préahm avait réussi à nous entraîner, vous nous auriez déjà perdus, il vous faudrait vivre seule en votre sala. Vous chercheriez néang Krésna et vous ne la trouveriez point, parce qu'elle aurait disparu; alors, vous verseriez des larmes, vous seriez tourmentée et vous la chercheriez encore. O préas Vo méatda beyda (1), couchés chacun dans votre sala, vous vous réveilleriez au milieu de la nuit et, tâtant autour de vous, vous nous chercheriez et vous ne trouveriez plus vos enfants. Ne les ayant plus, vous les pleureriez toutes les nuits en disant : « O néang Krésna, vous n'avez plus près de vous le dàum Chàmpu prik (2), où nous allions cueillir des fruits; vous n'avez plus le bassin d'eau claire fraîche où vous alliez autrefois vous baigner. »

Chau Chuly et néang Krésna versaient encore des larmes et imploraient leur père quand Chuchok Préahm, qui les avait poursuivis, arriva. Il les saisit par les mains et les attacha solidement; puis, prenant son bâton, il les fit marcher devant lui en les frappant. Les deux enfants pleuraient et disaient :

— O préas Vo beyda, qui nous avez donnés en aumône au préahm, demeurez ici et gardez votre bonne santé.

----

(1) Textuellement : « ô père et mère », pour « ô mes parents, ô mes père et mère ».

(2) *Dàum*, mot cambodgien signifiant : « arbre »; *jambu Jams*, mot pâli signifiant : « jambosier arbre ». Les Cambodgiens, ignorant le sens du mot « prik » (vriksha), le doublent par le mot *dàum*, qui a la même signification.

Préas bat srey Vésandâr, qui les entendait, avait pitié d'eux, grand'pitié d'eux, mais il disait :

— Hélas! je suis comme un gros poisson pris dans une nasse, comme un poisson qui ne peut aller ni venir, ni avancer ni reculer. Maintenant que j'ai donné mes enfants en aumône, je ne puis plus les reprendre. Je ne puis plus (1).

Puis il ajouta :

— Ma douleur est grande dans mon cœur… Je ne puis plus aspirer à devenir préas Put maintenant, parce que ma douleur est trop grande. Je vais envoyer une flèche à ce préahm, je vais le tuer, car je veux lui reprendre mes enfants et les ramener ici (2).

CHUCHOK PRÉAHM EMMENANT ET BATTANT LES ENFANTS DE VÉSANDÂR

Alors, le préas Angk, cette résolution arrêtée, prit son arc, le banda et dit :

— Préahm, tu vas mourir par mes mains.

Puis il se leva et fit quelques pas comme pour se préparer à tirer, mais subitement il s'arrêta, recula et, parvenant à dompter ses sentiments, il dit :

— On n'a jamais vu quelqu'un donner ses enfants en aumône à une

(1) Il est évident que le vœu dont il est parlé plus haut, vœu fait à douze ans, de donner en aumône tout ce qui lui serait demandé, même son foie, même son fiel, a été placé là pour justifier, pour atténuer cette scène cruelle; il y a donc quelque raison d'être surpris que Vésandâr n'y fasse ici aucune allusion. Il allègue qu'ayant donné ses enfants en aumône, il ne peut plus les reprendre, et non qu'il est pris par son vœu comme un poisson dans une nasse. Le passage concernant le vœu pourrait bien être une interpolation relativement moderne; il serait curieux de savoir si elle est cambodgienne et la protestation à peine formulée d'une conscience religieuse assurément, mais secrètement indignée.

(2) Cette scène ne se retrouve pas dans la version singalaise; elle me paraît être une nouvelle protestation de la conscience cambodgienne. Cette velléité qui fait perdre au Vésantara un peu de son caractère de sainteté, le fait plus humain, le rend à l'humanité, le fait plus sympathique.

personne, puis tuer cette personne pour reprendre ses enfants. Le Préas Put, depuis la plus haute antiquité jusqu'à nos jours, a pratiqué quatre sortes d'aumônes : il a donné en aumône sa propre personne, il a donné sa vie même en aumône, il a donné ses propres enfants en aumône, il a donné en aumône sa propre femme.

Puis, ayant réfléchi un peu, il ajouta :

— O mes deux malheureux enfants, quand le soir viendra vous aurez certainement soif et faim! Héias! quelle personne charitable et vertueuse prendra un peu de riz, un peu d'eau et vous les apportera? Il n'y aura personne. O mes enfants! et ce préahm qui toujours vous battra. O mes enfants! mes enfants! ils sont partis sans chaussures à leurs pieds; leurs pieds seront enflés, déchirés, le sang coulera. S'ils peuvent marcher, le préahm les emmènera; mais s'ils ne peuvent le suivre, il les abandonnera sur la route. O ce préahm! ce préahm qui bat avec brutalité mes enfants..... Lorsque j'étais dans ma capitale du Chădok-nokor, j'avais des domestiques et des servantes; respecté, ils me redoutaient, et mes enfants étaient fils et fille de roi. Alors, pourquoi sont-ils frappés par le préahm?

Préas Vésandăr réfléchit un moment, puis il pensa :

— Si je fais la quadruple aumône du Préas Put, j'acquerrai les mérites d'un Puthisath (1).

Alors il s'efforça de garder le calme à son cœur en gardant le silence et en méditant sur le jeûne et les dons d'aumônes. Puis il sortit de la sala, alla s'asseoir sur la pierre Liléa bat et devint beau comme un véritable Préas Put.

Cependant, le Chuchok-Préahm amenait en les frappant les deux prah réach kauma (2). Le chau Chuly et néang Krésna se lamentaient ensemble et disaient :

— O Krésna, disait chau Chuly, les anciens ont dit, et cela s'applique bien à nous : « Les enfants qui sont séparés de leur mère sont comme s'ils étaient sans mère. Ceux qui ont leur père et qui sont séparés de lui sont comme s'ils étaient sans père. Or, nous nous en allons avec ce préahm comme si nous n'avions ni père ni mère (3).

Chuchok-préahm, toujours conduisant les deux kauma, parvint enfin au pied

---

(1) En sanscrit : *bodhisattva*; en pâli : *bodhisatta*, futur Buddha.

(2) En pâli restitué : *para rāja kumāra*, précieux jeunes râjas.

(3) La version singalaise ne paraît pas avoir ce propos, mais on y trouve un passage bien joli que notre texte ne donne pas. Le voici d'après Spence Hardy : « Comme ils passaient devant les places ombreuses où ils avaient joué ensemble et la grotte dans laquelle ils avaient l'habitude de faire différentes figures en argile par passe-temps et devant les arbes qui croissaient près de la mare familière, ils dirent amèrement : « Portez-vous bien, vous, arbres qui avez produit les plus belles fleurs, et vous « aussi, piscines où nous nous sommes baignés. Vous, oiseaux qui avez chanté pour nous vos délicieuses « chansons, et vous aussi, kinduras qui avez dansé devant nous et que nous avons applaudi, dites à « notre mère que nous vous avons donné les salutations du départ. Vous, savants deras, et vous, bêtes « avec lesquelles nous avons joué, dites à notre mère quelle route nous suivons ». — *Manual of Buddhism*, 1860, p. 125.

de la montagne de Vongkot bâropot. Là, néang Krésna se lamenta, pleura et dit :

— O mon frère Chuly, le préahm nous emmène bien vite. Invoquons [les dieux] afin que notre mère sache que nous sommes emmenés.

Les deux kauma, ayant réfléchi un instant, levèrent leurs mains au-dessus de leur tête pour faire le salut (1), puis ils invoquèrent en ces termes :

« — O tévôdas qui habitez la cime de cette montagne, veuillez, nous vous en prions, aller prévenir notre mère. Notre mère se nomme néang Métry, elle s'est faite religieuse moha rusey, elle est en ce moment occupée à cueillir les fruits des arbres dans la forêt. Si elle se met à notre poursuite, faites qu'elle nous atteigne vite. Dites-lui que tous les deux nous sommes en bonne santé. »

Et les deux kauma pensaient en pleurant à leurs prak voméada Vo beyda (2).

XIII

Cependant néang Métry, toute seule dans la forêt, avait fait sa provision de fruits. Les tévobot et les tévodas, voyant qu'elle songeait à revenir, se rassemblèrent et parlèrent ainsi :

— Si maintenant nous laissons néang Métry retourner de jour à la sala, elle se mettra à la poursuite des deux préas réachéa bat et les rattrapera ; elle reprendra ses enfants au préahm, et l'aumône que le Préas bat srey Vésandâr a faite sera de nul effet et son souhait ne sera pas accompli.

Ayant ainsi réfléchi, les tévôdas décidèrent :

— L'un de nous se transformera en réachéa sey (3), un autre prendra la forme d'une panthère et un autre prendra celle d'un grand tigre. Ces trois animaux (4) iront se poster sur la route que néang Métry doit suivre pour rentrer, ils pousseront des cris terribles afin de l'effrayer et de l'attarder dans la forêt, de manière qu'elle ne puisse être de retour à la sala avant le coucher du soleil et que le préahm ait le temps d'entraîner bien loin les deux prah réachéa bat. [La nuit venue], il faudra laisser néang Métry retourner à la sala.

Alors trois tévôdas, l'un en réachéa sey, l'autre en panthère et un troisième en grand tigre parurent debout sur les deux côtés de la route sur laquelle néang Métry, les larmes aux yeux, cherchait et cueillait toute seule les fruits que les arbres portaient.

La nuit s'avançait et, sur la route qu'elle parcourait, néang Métry, rencon-

---

(1) L'añjali, sanscrit ; le sampas, cambodgien.
(2) Leurs père et mère.
(3) Lion royal, du pâli rájâ sîhâs.
(4) La version singalaise dit qu'ils étaient quatre.

trant le réachéa sey, la panthère et le grand tigre qui se tenaient debout sur
les deux côtés du chemin, se disait :

— Hélas! que vais-je devenir, maintenant que trois animaux se tiennent
debout sur la route où je marche. Comment faire pour emporter tous ces fruits
d'arbres que j'ai cueillis pour les donner au Préas bat srey Vésandâr et à mes
deux enfants?

Puis néang Métry ajouta :

— Hélas! quels sont ces animaux? pourquoi viennent-ils se dresser sur les
deux côtés de la route? O mes enfants, ils doivent pleurer, réclamer la nourriture à leur père. Chau Chuly est déjà grand, il sait manger seul, mais néang
Krésna est encore bien petite, elle doit pleurer, chercher sa mère pour téter.
O Préas bat srey Vésandâr, vous devez être bien embarrassé avec vos enfants,
vous ne pouvez ni réciter vos prières, ni faire vos méditations intérieures. Vous
devez vous occuper à consoler vos deux enfants. Et vous, mes enfants, vous
pleurez dans la sala, vous regardez sur la route pour voir si votre mère revient.
O mes bien-aimés amis, vous êtes habitués à votre mère; quand vous avez
faim, quand vous avez soif, vous dites : « Ma mère, j'ai grand faim... ma mère,
j'ai grand soif... »

Néang Métry se lamentait ainsi et pleurait devant les trois animaux. Alors,
s'étant assise à terre, levant les mains pour faire le salut, elle dit :

— O vous trois, qui êtes les rois de cette forêt, vous qui êtes plus grands que
tous les autres animaux. Je m'appelle néang Métry et je suis akkamohésey (1),
épouse du Préas bat srey Vésandâr, fils de Préas bat srey Sânhchey, qui
demeurait en la capitale du Chédok-nokor; le peuple l'en a chassé et il est
revenu se faire religieux maha rusey dans la montagne de Vongkot bâropot.
O vous trois animaux, [écoutez :] « Je suis venue ici pour cueillir les fruits et
pour les rapporter au Préas bat srey Vésandâr. O vous, [regardez], le soleil
vient de finir sa carrière, il va faire nuit tout à l'heure, ayez pitié de mon
seigneur et de mes enfants, laissez-moi partir, afin que je puisse aller leur
donner à manger... écartez-vous de ma route.

Les trois animaux, qui sont des tévôdas transformés, à ces paroles de néang
Métry, sont pris de pitié pour elle; remarquant que le préahm a eu tout le
temps nécessaire d'emmener très loin les deux enfants, les trois tévobot, qui
ont pris la forme des animaux, quittent la route, afin de laisser néang Métry
retourner à la sala.

Ce jour-là était un thngay préas has (2) et un 15 kœut du mois de Pisak (3).

<hr>

(1) Première femelle de buffle, première épouse du roi, la reine. — Pâli : *aggamahési;* sanscrit :
agramahishi.

(2) Jour de Jupiter, jeudi. Le nom complet est *préas Kisulmécy,* du sanscrit *Brihaspati.*

(3) Quinzième jour de la lune croissante du deuxième mois de l'année, le mois Vaïçâkha des Indous
(avril-mai).

Néang Métry, ayant recueilli les fruits des arbres de la forêt, était revenue à la sala. N'y trouvant pas ses deux enfants, comme à l'ordinaire, occupés à jouer, elle se tenait debout et pleurait en disant :

— Hélas! ces lieux où jouaient mes enfants sont pleins de belles touffes d'herbes, de buttes gracieuses et de terre sablonneuse. Ils s'y plaisaient. Hélas! en quels lieux vous êtes-vous égarés, chers petits, vous n'êtes plus là et tout est silencieux. Je ne les entend pas; peut-être sont-ils allés dans la forêt cueillir des fruits, peut-être se sont-ils égarés en route? Je n'en sais rien, hélas!

Alors, elle cherche partout où vont d'ordinaire les kauma, mais elle ne les trouve pas. Elle revient à la sala et, s'y étant assise, se lamente et pleure.

SÉANG MÉTRY, L'ÉPOUSE DE VÉSANDAR, RETENUE DANS LA FORÉT PAR QUATRE ANIMAUX FÉROCES
QUI LUI BARRENT LA ROUTE

— O mes enfants, dit-elle, les fauves vous ont-ils emportés, vous ont-ils dévorés? je ne sais. Hélas! tout a disparu, tout est solitaire ici, tout est silencieux.

Alors, néang Métry, toute pleine de larmes, va trouver le Préas bat srey Vésandâr; elle pose devant lui ses paniers qui contiennent des fruits et les cordes qui servent à les porter; puis, en voyant qu'il est là tout seul, sans enfants autour de lui, elle pleure et, malgré sa douleur et ses larmes, elle lui dit :

— Oh! seigneur, comment pouvez-vous ainsi demeurer silencieux? comment se fait-il que vous soyez tout seul, sans vos deux enfants assis près de vous? Hélas! Préas Angk, la nuit passée, j'ai eu un songe; je vous ai prévenu, afin que vous surveilliez attentivement nos deux enfants et que vous ne les

laissiez pas aller se promener au loin. Maintenant, voilà qu'ils ont disparu. Je
ne les vois plus. Où sont-ils? Pour les consoler, les avez-vous fait coucher? Je
ne sais pas. Ou bien avez-vous cru que chau Chuly était raisonnable et l'avez-
vous envoyé dans la capitale du Chédok-nokor rendre visite à nos père et
mère (1)? Je ne sais pas. Ou bien, seigneur, nos enfants se sont-ils éloignés de
la sala et les fauves les ont rencontrés et mordus, emportés peut-être et
dévorés? Je ne sais pas. Hélas! seigneur, si les fauves ont mordu, emporté,
mangé mes enfants, comment se fait-il qu'on ne trouve aucune trace de leur
passage?

Néang Métry est dans la plus grande douleur, elle est tout en larmes et,
cependant, Vésandâr ne prononce pas un mot. Néang Métry s'adresse encore à lui :

— Oh! seigneur, lui dit-elle, quelle faute [ai-je commise, de] quel désagré-
ment [suis-je la cause]? Vous ai-je fait quelque chose qui ne soit pas bien, et
cela vous a-t-il offensé que vous ne me répondez pas, que vous demeurez-là
sans prononcer une parole?

Néang Métry se lamente, pleure et ajoute :

Hélas! seigneur, nous vivons tous les deux ici; après que le peuple nous eut
chassés de la capitale du Chédok-nokor, nous sommes venus habiter cette
forêt. Nous avions de grands chagrins, mais comme nous avions nos deux
enfants avec nous et qu'ils nous tenaient compagnie, notre grand chagrin avait
fondu (2), disparu. Or, voici maintenant que j'ai une grande peine, [je souffre]
comme si on prenait une lance et si on m'en perçait la poitrine. Je ne souffri-
rais pas plus de cela, ma blessure ne serait pas plus douloureuse, plus cuisante
que celle que j'ai de ne pas voir mes enfants. Et voilà que vous augmentez ma
peine, que vous me laissez tout embarrassée devant vous, seigneur; vous
gardez le silence, vous ne me répondez pas, vous ne dites pas un seul mot.

Néang Métry pleure davantage encore et parle au Préas bat srey Vésandâr,
mais celui-ci continue de garder le silence.

Néang Métry sent augmenter son chagrin avec son inquiétude; alors, tout
en larmes, elle sort, elle court, elle se met de nouveau à la recherche de ses
enfants, malgré la nuit, dans la forêt, sur la montagne, en tous lieux, mais
c'est en vain, elle ne retrouve pas ses enfants et, bientôt, elle est obligée de
revenir sur ses pas et de rentrer à la sala, où les enfants ne sont pas revenus.
Elle s'adresse alors à Vésandâr et lui dit ces paroles mauvaises :

— Seigneur, tous les jours vous n'allez pas me puiser de l'eau, vous n'allez
pas me chercher le bois à brûler, vous ne préparez pas même le feu et vous
demeurez silencieux comme un homme muet.

Elle dit ces mauvaises paroles, mais Vésandâr ne lui répond pas un seul
mot; alors elle continue :

(1) Comme toujours, le texte porte nos *prĕas Vo mèàtàs* et *prĕas Vo beyàs*.
(2) *Ronkéay.*

— Seigneur, où sont allés mes deux enfants? où sont-ils pour que vous ne me parliez pas? Ah! seigneur, je ne vivrai pas ainsi, je me briserai la poitrine, je mourrai et je vous laisserai là tout seul, c'est certain.

A ces paroles de néang Métry, Préas bat srey Vésandàr pensa ainsi :

— En vérité, si je ne dis rien, elle va mourir.

Alors, il dit :

— O néang Métry, vous êtes femme et vous êtes d'une grande beauté. Le garçon qui vous voit ne peut plus arrêter [le battement] de son cœur. Vous pourriez empêcher cela, mais alors il vous faudrait observer les préceptes, acquérir les mérites qui font les Préas Put. Vous vous glorifiez de votre beauté et vous allez vous amuser avec votre amant dans la forêt du matin jusqu'au soir, et, maintenant que vous avez abandonné vos petits enfants, maintenant qu'ils ont disparu, qu'ils sont perdus, vous venez me les demander. Est-ce que je puis savoir où ils sont allés? Je n'en sais rien. O néang Métry, maintenant que je suis venu m'établir dans cette forêt, vous ne me craignez plus, vous ne me respectez même plus (1).

Voyant par ces paroles que Vésandàr était jaloux, néang Métry lui répondit :

— Comment, seigneur, vous vous êtes fait religieux, vous observez les préceptes, vous souhaitez devenir Préas Put et vous voilà jaloux à cause de moi. Eh bien, je vous dis, moi, que tout le temps que j'ai passé à cueillir les fruits des arbres, j'ai eu le cœur languissant, que j'ai pensé à vous, seigneur, et à mes deux enfants. J'ai parcouru la forêt et je n'ai pas un seul instant cessé de pleurer. A mon retour, comme je suivais une route bordée de torrents, j'ai rencontré, se tenant au milieu de mon chemin, un réachéa sey, alors que sur la gauche il y avait un grand tigre, et que sur le côté droit il y avait une panthère, qui tous se tenaient debout. Toute la forêt a entendu leurs rugissements. Effrayée, j'ai cru que j'allais mourir en cet endroit, mourir sans revoir votre face, sans revoir celle de mes enfants. Alors, j'ai supplié les tévòdas (2) de venir à mon secours, afin de pouvoir revoir votre visage et ceux de mes petits. Et maintenant, je revois votre figure, mais je ne vois pas celle de mes enfants et je ne sais où ils sont allés.

Depuis que le Préas bat srey Vésandàr avait exprimé sa jalousie, il gardait le silence. Alors, néang Métry, inconsolable et pleurant, reprend sa course dans la forêt, se met encore à la recherche de ses enfants, va, vient, revient en tous lieux, mais ne les retrouve pas. Elle rentre alors à la sala, se lamente et pleure.

— Ah! dit-elle, les peuples nous ont chassés et nous sommes venus nous établir dans cette forêt; tous les jours, je vais cueillir des fruits pour mes enfants et pour mon mari; voilà maintenant que mes petits ont disparu, voilà

____

(1) Cette querelle d'allemand ne se trouve pas dans la version singalaise.

(2) On a vu plus haut qu'elle a supplié non les *tévòdas*, mais les animaux dont les *tévòdas* avaient, à son insu, pris la forme.

qu'ils sont perdus. Hélas! où sont ceux qui devaient manger tous ces fruits?

Et néang Métry pleure ses enfants depuis la tombée de la nuit jusqu'à l'apparition du soleil à l'est; elle n'a point apaisé son chagrin, elle souffre cruellement et demeure toute tremblante. Maintenant, elle pleure, elle se lamente, elle est fatiguée et tombe à terre sans parole et sans connaissance (1).

Préas bat srey Vésandâr, voyant néang Métry évanouie, ne peut se contenir; il verse des larmes en disant :

— Hélas! néang Métry, vous êtes dans l'affliction à cause de vos enfants et vous êtes tombée là sans connaissance. O néang Métry, il ne faut pas mourir ici toute seule dans cette forêt; si vous devez mourir, il convient que vous mourriez dans la capitale du Chédok-nokor, où tous les peuples pourront concourir à la cérémonie de votre incinération. Si vous mourez ici, au milieu de cette forêt, qui pourra vous incinérer convenablement.

Préas bat srey Vésandâr, roi, prit néang Métry dans ses bras, la souleva et la mit sur ses genoux; puis, prenant de l'eau, il la répandit sur tout son corps. Il mit sa main au creux de l'estomac et reconnut qu'elle respirait encore. Il prit l'eau du flacon (2) et la répandit sur sa figure. Alors, néang Métry se ranima, reprit connaissance et, se prosternant devant la face de Préas bat srey Vésandâr, elle lui dit :

— O seigneur, où sont allés mes deux enfants?

Vésandâr répondit :

— Hélas! néang Métry, nos deux enfants, je les ai donnés en aumône à un préahm qui est venu me les demander hier, pendant la journée. Néang, nous n'avions ni biens, ni objets à donner au préahm, nous n'avions que nos enfants, et je les ai donnés en aumône. Néang, il ne faut pas regretter nos enfants. L'aumône que nous avons faite en les donnant est la plus belle, la plus grande des aumônes. Néang, venez dire avec moi : *Anômô lânéa* (3).

A ces paroles du Prah bat srey Vésandâr, néang Métry reprit :

— *Anômô lânéa, salhu, salhu* (4) et soyez un jour Préas Put (5).

Puis elle ajouta :

— O seigneur, vous avez donné en aumône au préahm mes deux enfants..., pourquoi ne m'avez-vous pas fait connaître votre intention avant de les donner? je me serais réjouie avec vous. Pourquoi m'avez-vous laissée courir à la recherche de mes enfants, jusqu'à ce que je tombe ici mourante, avant de me le dire.

Puis elle ajouta encore :

(1) Les textes singalais placent cet évanouissement dans la forêt.
(2) Probablement du *Kbali* qui a servi à consacrer le don des enfants au vieux Chuchok.
(3) Du pâli : *anoms-dâna*, superbe don.
(4) *Superbe don, ainsi soit-il, ainsi soit-il.*
(5) Buddha.

— O Préas Angk, je n'aurais pas refusé votre demande et nous aurions donné en aumône nos deux enfants au préahm. Oui, j'aurais consenti qu'un mendiant quelconque vienne vous demander ma personne ; je consens à ce que vous me donniez en aumône à ce mendiant, car je veux que vous deveniez Préas Put.

XIV

Préas bat srey Vésandàr et néang Métry, roi et reine, au cours de leur vie forestière, donnèrent ainsi en aumône à un préahm leur deux prah réachéa bat.

CHUCHOK PRÉAHM ET LES DEUX ENFANTS DEVANT LE ROI PRÉAS BAT SREY SANDCHEY,
LEUR GRAND-PÈRE

Ils étaient alors en paix et tranquillité, leur santé était bonne, car ils n'avaient ni maladie ni indisposition.

Cependant, dans son paradis, le Préas bat Eyntréa thiréach réfléchissait et disait :

— O Préas bat srey Vésandàr, vous avez, hier, donné en aumône vos deux enfants au préahm ; vous n'avez plus que vous et néang Métry, votre épouse. Je ne puis demeurer tranquille ici, car il est à craindre que des gens de basse race viennent vous demander néang Métry ; alors, elle ne serait plus au service honorable de Vésandàr. Je vais aller moi-même demander néang Métry à Vésandàr, puis, quand il me l'aura donnée en aumône, je la lui confierai ; et alors, il ne pourra plus la donner à un autre et elle restera *bâmrœuk* honorable de son mari (1).

Ayant ainsi décidé, le Préas bat Eyntréa thiréach prit la forme d'un préahm porteur de sa besace, tenant son bâton de voyage, qui était jaune de teint et vieux. Il alla s'asseoir devant la sala et, levant ses mains jointes au-dessus de sa tête pour saluer Vésandâr, il demanda :

— Comment vous portez-vous? Et des vivres en avez-vous beaucoup? Mangez-vous avec appétit?

— Oui, préahm, lui répondit Vésandâr, nous vivons heureux et dans la joie du cœur, nous n'avons ni maladie ni indisposition. Nous nous portons bien. Nos vivres sont les fruits des arbres très divers que nous cueillons et ils suffisent largement à nos besoins. O préahm, depuis que nous sommes sortis de la capitale du Chédok-nokor et que nous nous sommes faits religieux dans cette forêt, — il y a déjà de cela sept mois, — personne (2) n'est venu ici; les bêtes seules viennent nous tenir compagnie. Nous sommes enchantés de vous voir. Mais, préahm, pour venir jusqu'ici, il ne faut pas avoir le cœur craintif, il ne faut pas être peureux... Si vous avez le désir de vous baigner, si vous voulez manger quelques fruits d'arbres, faites à votre volonté.

Puis Préas bat srey Vésandâr dit à Eyntréa-Préahm :

— Mon vieux, personne n'est encore venu en cette partie de la forêt Préas Hémbaupéan. Comment, vous qui êtes déjà vieux, vous dont le dos est déjà rond, vous avez pu venir jusqu'ici, respectable vieillard? quelle plante médecinale, quel tubercule bienfaisant venez-vous donc chercher ici? ou bien vous êtes-vous égaré dans la forêt? ou bien venez-vous me chercher? Venez, vieillard, venez me parler et dites-moi toute la vérité.

Eyntréa-Préahm, à ces paroles royales de Vésandâr, répondit :

— O seigneur, c'est parce que vous avez le cœur charitable et vertueux [que je suis venu ici]. Quiconque s'adresse à vous et vous demande quelque chose que ce soit, vous donnez en aumône sans jamais refuser. O seigneur, je suis vieux de corps maintenant, j'ai beaucoup de maladies et d'indispositions, je suis sourd d'oreilles et presque aveugle des yeux, mes parents les plus proches et les plus éloignés sont morts. O seigneur, je suis maintenant seul et abandonné, pauvre et misérable, je vis seul. La route, si longue qu'elle soit, ne m'a pas effrayé; j'ai marché avec effort, lentement, en trébuchant un peu, afin d'arriver jusqu'à vous, grand maître, et, bien que ce ne soit pas convenable, de vous prier de me donner néang Métry en aumône, afin qu'elle soit la maîtresse en ma maison et qu'elle me tienne compagnie.

Si Préas bat srey Vésandâr, à ces paroles d'Eyntréa sous la forme d'un

(1) On dit aussi *Magrœuk*. Ce mot a ici le sens de serviteur, mais dans la langue actuelle du Cambodge il signifie envoyé, délégué.

(2) Vésandâr a déjà oublié la visite du préahm auquel il a donné ses enfants.

préahm, n'hésita pas un instant, ne regretta pas l'objet du don, c'est qu'il voulait, lui Préas Angk, devenir Préas Put (1). Il fut rempli de joie, rempli de satisfaction, sa figure s'éclaira d'un sourire.

— O préahm, dit-il à Eyntréa-Préahm, venez recevoir néang Métry.

Alors, prenant l'eau du kânti (2), il la renversa à terre en disant :

— O préahm, j'aime beaucoup mon épouse, mais je préfère à mon épouse l'état de Préas Put.

A l'instant même où le Préas Angk donnait ainsi son épouse à Eyntréa-Préahm, des phénomènes étranges eurent lieu : la terre fut ébranlée en toutes ses parties, l'eau de la mer bouillonna et des vagues énormes parurent sur les côtes, le ciel se couvrit d'un brouillard épais comme une forte pluie, le tonnerre gronda, les éclairs sillonnèrent la nue jusqu'à terre, de grands orages se formèrent partout, les grands vents soufflèrent et, par eux, toutes sortes d'arbres furent renversés, le mont Kèv phnauk réachéa (3) inclina sa cime devenue flexible. Les tévobot et les tévôdas du paradis furent pleins de joie et se réjouissaient en louant la vertu parfaite, les œuvres méritoires de Préas bat srey Vésandâr. Ils disaient :

— Depuis mille années, nul parmi les hommes les plus saints et les plus vertueux n'a égalé Préas bat srey Vésandâr.

Vésandâr n'a pas hésité un seul instant à donner néang Métry à Eyntréa-Préahm, il n'a pas même songé à regretter l'objet du don, mais il craint que néang Métry n'hésite en son cœur, qu'elle ne comprenne pas l'intimité de ses pensées intérieures. Il songeait ainsi :

— Nous sommes homme et femme... un jeune homme et une jeune femme se plaisent ensemble. Or, voici maintenant que néang Métry appartient à un vieil homme, misérable, sans fortune, je crains qu'elle ne soit pas satisfaite.

Alors, le Préas Angk s'adressa à l'akkamahésey (4). Néang Métry, comprenant que le cœur de son Préas Swamey (5) voulait connaître son cœur, leva ses mains jointes pour le saluer et lui dit :

— O seigneur, non seulement donnez ma personne en aumône à ce préahm, mais encore s'il veut avoir mon foie, mon fiel, je vous en prie, prenez un couteau et ouvrez-moi la poitrine, prenez-y mon foie, mon fiel et donnez-le au préahm. Qu'importe de moi pourvu que vous soyez Préas Put.

Eyntréa-Préahm, voyant la vertu du Préas bat srey Vésandâr (6) fut joyeux dans son cœur et dit :

(1) Buddha.
(2) Flacon.
(3) Probablement le mont Méru. Le mot *Kèv* signifie brillant, précieux par extension, et le mot *réachéa*, roi ; le mot *phnauk*, butte, petite colline.
(4) La première femelle du buffle, c'est-à-dire la reine ; du pâli : *aggamahési*.
(5) Précieux époux ; du sanscrit : *swamin*, maître, roi, mari.
(6) La vertu de Vésandâr pourrait lui paraître moins grande que celle de néang Métry.

— O seigneur, dans le monde entier, il n'y pas une personne aussi charitable que vous. Vous m'avez donné néang Métry en aumône, je suis très heureux, très content de l'avoir reçue ; mais, à mon tour, je vous la présente et je vous l'offre.

Et comme il disait ses paroles, comme il offrait néang Métry à Vésandâr, Eyntréa-Préahm reprit sa forme de Préas En, puis il ajouta :

— O Préas bat srey Vésandâr, je ne suis pas un préahm, je suis le Préas En et je suis descendu du paradis pour que vous accomplissiez encore une bonne action et pour vous bénir et former le souhait suivant en huit articles : premièrement : vivez en paix, en bonne santé, sans chagrin et sans frayeur ; deuxièmement : que les pauvres et les infirmes viennent tous les jours vous demander des aumônes ; troisièmement : que vous n'aimiez que néang Métry et que rien ne vienne vous séparer d'elle ; quatrièmement : que chau Chuly et néang Krésna vivent de nombreuses années et règnent sur le Chédok-nokor ; cinquièmement : qu'un Péachi-yòn (1) paraisse devant vous chaque fois que vous voudrez vous transporter en un lieu quelconque et qu'il vous emporte à travers les airs ; sixièmement : que votre cœur soit plus charitable que nul autre, que vous ayez beaucoup d'or et d'argent à donner en aumône aux mendiants ; septièmement : qu'à votre mort vous renaissiez et que, quittant le paradis, vous reveniez prendre naissance en ce monde, dans une bonne race, et que vous y deveniez Préas Put ; huitièmement : que vous soyez toujours sans péché, sans malheur et que vous ayez tout ce que vous désirez.

Puis le Préas bat Eyntréa thiréach ajouta :

— O Préas Angk, dans peu de temps (2), vos Pras Vo méatda et Préas Vo beyda songeront à vous et feront lever une armée, qu'il vous enverront ; ils vous inviteront à rentrer dans votre capitale. Ainsi donc, continuez d'observer tous les préceptes, de pratiquer toutes les vertus, de réciter toutes les prières avec assiduité.

XV

Or, Chuchok-Préahm emmenait néang Krésna et Ba-Chuly ; Préas bat srev Vésandâr et néang Métry n'avaient plus aucun chagrin, aucune frayeur ; ils vivaient dans la paix, la tranquillité, en bonne santé, observant les préceptes, pratiquant la vertu et méditant sur les textes sacrés.

(1) Du sanscrit : *prajavin* ; du pâli : *pâjâta*, coureur, coursier ; du sanscrit : *yantra*, du pâli : *yanta*, mécanisme, ou simplement : *yâna*, véhicule.

(2) La version singalaise dit « sept jours » et annonce à Vésantara qu'il atteindrait l'état de buddha dans sa future existence, mais elle ne parle pas de souhait en huit articles.

A la tombée de la nuit, Chuchok-Préahm, qui emmenait les deux enfants,
chercha quelques lianes et leur attacha les mains ensemble. Ayant ensuite
remarqué une branche d'arbre recourbée bien propre à recevoir son dos bossu,
il monta sur l'arbre et s'y coucha, alors que les deux enfants s'étendaient à
terre sous lui. C'est parce que le préahm avait peur des tigres, des éléphants,
des rhinocéros qu'il était ainsi allé se coucher sur un arbre. Voyant cela, deux
tévobot prirent la forme, l'un de Préas bat vrey Vésandâr, l'autre de néang
Métry, et s'approchèrent des deux enfants. Ils leur délièrent les mains, puis les
emportèrent et les firent baigner, afin de les débarrasser des saletés et de la

CHUCHOK-PRÉAHM SE GORGEANT DE METS DÉLICIEUX

poussière donts ils étaient couverts, puis les ayant faits bien propres, ils les
ornèrent de fleurs et leur donnèrent à manger. Cela fait, ils les rapportèrent au
pied de l'arbre, afin qu'ils pussent y dormir, puis s'assirent près d'eux et
veillèrent sur leur sommeil toute la nuit. Quand le jour fut sur le point de
paraître, les deux tévobot prirent les deux enfants, leur lièrent les mains comme
le préahm l'avait fait [la veille], puis ils disparurent (1).

Quand le soleil fut levé, Chuchok-Préahm descendit de son arbre, lava sa
figure, chiqua son betel et, trouvant le moment convenable, reprit son voyage.
Toujours conduisant les deux enfants, il se dirigea vers le srok klœn-kréas (2).
Alors, tous les tévôdas accoururent et agirent si bien qu'ils égarèrent les

(1) La version singalaise dit que les voyageurs, grâce aux devas, se trouvèrent le soir à 60 yoyanas
(800 kilomètres) de leurs parents et qu'ils passèrent la nuit sous un arbre dont les branches fléchirent
pour former un dais au-dessus d'eux; puis, le lendemain, le préahm les conduisit chez leur grand-père.
On verra plus loin que notre texte porte qu'ils marchèrent encore 15 jours.
(2) Pays de Kalinga.

voyageurs et les conduisirent, après quinze jours de marche, à la capitale du Chédok-nokor. Les deux kaumas y arrivèrent en paix, tranquilles et en bonne santé, sans aucun mal, sans aucune douleur et sans avoir souffert.

Dans la nuit qui précéda l'arrivée de Chuchok-Préahm, conducteur des deux réach kaumas, dans la capitale du Chédok-nokor, Préas bat srey Sânhchey avait vu en songe sa propre femme sortir [de sa chambre], aller s'asseoir dans le préas réachéa rūng (1), au milieu de tous les namœun (2), de tous les fonctionnaires venus pour assister à l'audience royale. [Dans cette salle], il avait vu un homme au teint noir, de petite taille, dont les cheveux retombaient sur les épaules et dont les oreilles étaient ornées de fleurs de lotus, s'approcher de lui et lui offrir deux fleurs de lotus qu'il tenait à la main. Le roi, s'étant réveillé, se trouva heureux et plein de joie; il donna l'ordre d'appeler les horas (3) et leur demanda d'expliquer son rêve. Les horas l'expliquèrent ainsi :

— O seigneur, il est certain que quelqu'un de votre descendance, de votre lignée, vos enfants ou vos petits-enfants qu'on a séparés de vous, qu'on a éloignés, vont aujourd'hui même revenir ici.

Ces paroles des devins rendirent le roi Préas bat srey Sânhchey très heureux et plein de joie. Quand il eut pris son bain, achevé son repas et revêtu ses plus beaux ornements, il sortit et se rendit au préas réaché rūng, où se tenaient les audiences royales, auxquelles venaient les namœun et les fonctionnaires.

Bien qu'il fut au milieu de ses mandarins, le roi Préas bat srey Sânhchey ne cessait point de penser dans son cœur à ses deux petits-enfants. Or, comme il regardait vers l'est, il vit un préahm qui passait avec deux petits enfants devant le palais royal; il appela un amat et lui dit :

— Eh! amat, regarde donc ces deux enfants; ne trouves-tu pas qu'ils ressemblent à Mé-Krésna et à Ba-Chuly, mes petits-enfants?

Puis il ajouta :

— Amat, va vers ce préahm et amène-le moi avec les deux enfants.

L'amat fut alors chercher le préahm, les deux enfants et les amena [à la sala]. Alors, Préas bat srey Sânhchey dit au préahm :

— Eh! préahm, où as-tu trouvé ces deux enfants et où les conduis-tu?

Chuchok-Préahm répondit :

— O seigneur, c'est Préas bat srey Vésandar, votre fils, qui s'est fait religieux au Kïry Vongkot bâropot (4), qui m'a donné en aumône ces deux enfants

---

(1) Salle royale, salle des audiences royales, salle du trône.

(2) Dignitaires. Ce mot vient peut-être du sanscrit *nâma*, nom, et, dans ce cas, pourrait signifier : « qui a un nom, un titre ». Il pourrait venir aussi de *nam*, se courber, s'incliner devant, celui qui s'incline, c'est-à-dire « courtisan ». — La première étymologie, sans me satisfaire entièrement, me paraît plus exacte.

(3) La version singalaise dit : « les quatre brahmanes instruits dans les quatre védas ».

(4) Kïry (sanscrit : *giri*) et *bâropot* (sanscrit-pâli : *parvata*) sont synonymes et font doublet, ainsi que *phnom*, que je traduis par montagne et *bâropot*.

dans l'espoir d'être un jour Préas Put. Je les conduis depuis quinze jours, et comme j'ai remarqué que ces deux enfants songent beaucoup à vous, je les ai amenés ici afin de vous les présenter.

Préas bat srey Sanhchey, ayant écouté les paroles de Chuchok-Préahm, lui dit :

— O préahm, qu'as-tu su dire à Vésandàr pour le décider à te donner ses deux enfants? Je crains bien que tu ne sois allé les voler afin de les conduire ici. Que sais-je?

Chuchok-Préahm, en entendant les paroles de Sanhchey, comprit que le roi était fâché contre lui.

— O seigneur, dit-il, Préas bat srey Vésandàr, votre préas réachéa bat, acquiert des mérites en vivant comme religieux à la montagne de Vongkot-báropol, il veut être un jour Préas Put; c'est pour cela qu'il m'a donné ses deux préas réachéa bat.

A ces paroles de Chuchok-Préahm, les amat et tout le peuple de la capitale se mirent à injurier, à insulter Préas bat srey Vésandàr.

On disait :

— Nous avons entendu les propos du préahm sur Vésandàr. Certainement, ce Vésandàr est un homme fou. Quand il habitait la capitale, il ne faisait que des choses folles; c'est pour cela que nous l'avons chassé. Voilà maintenant qu'il donne en aumône ses deux enfants!

Chau Chuly, entendant ainsi parler les amat et les gens du peuple qui insultaient, injuriaient son père, qui, en les donnant, cherchait à atteindre l'état de Préas Put, leur répondit :

— Et vous autres, vous tous, ne parlez pas ainsi. De quoi vous mêlez-vous? Qu'est-ce que cela peut vous faire, à vous autres, que notre père nous ait donnés en aumône au préahm?

Préas bat srey Sanhchey, à ces paroles de chau Chuly, répondit :

— O Ba-Chuly, on ne doit pas insulter ton père, mais on doit dire de lui : *Anômô lanéa sathu* (1), afin que ton père atteigne un jour l'état de Préas Put. Maintenant, votre aïeul vous interroge, petits-enfants : « Lorsque votre père vous a donné en aumône au préahm, en quel état était-il? son cœur était-il plein de douleur, souffrant? répondez à votre aïeul.

Alors, chau Chuly se prosterna et dit :

— O notre aïeul, lorsque notre père nous a donnés en aumône au préahm, il avait le cœur plein de douleur, plein de chagrin, plein de peine. Sa respiration rentrante et sortante dans sa bouche était rapide.

Néang Krésna ajouta :

— O mon aïeul, mon seigneur, pourquoi gardez-vous le silence comme si

_____
(1) Sublime Jou, ainsi soit-il !

vous étiez fâché contre nous, sans nous regarder, nous qui sommes maintenant les esclaves du préahm, du préahm qui nous a attachés avec des lianes, qui nous a battus avec son bâton tout le long de la route, sans avoir pour nous aucune pitié.

Préas bat srey Sânhchey, voyant alors que le préahm n'avait pas encore relâché ses deux petits-enfants, répondit :

— O néang Krésna, ma petite-fille, autrefois, quand tu voyais ton grand-père ou ta grand'mère, tu accourais et tu venais t'asseoir sur leurs genoux. Après une longue séparation, tu viens de nous rencontrer, tu vois la figure de ton grand-père et celle de ta grand'mère, comment se fait-il que tu restes assise loin d'eux, comme s'ils étaient pour toi des étrangers?

Chau Chuly, à ces paroles de son grand-père, répondit :

— O mon grand-père, notre père nous a donnés au préahm afin que nous soyons des esclaves. Nous demeurons assis loin de vous parce que nous sommes de nos personnes les esclaves d'autrui.

A ces graves paroles de son petit-fils, Préas bat srey Sânhchey, pris de compassion, plein de chagrin, répondit :

— O mon Ba-Chuly bien-aimé de ton grand-père, il ne faut pas parler ainsi; tu viens, petit-fils, de me causer une grande peine, une grande inquiétude, car je crains, petit-fils, que les biens, les richesses, les trésors de la capitale soient insuffisants à racheter mes petits-enfants au préahm. Parlez-moi : lorsque votre père vous a donnés tous les deux au préahm, a-t-il fixé votre prix de rachat pour chacun de vous? Réponds-moi, afin que ton grand-père puisse trouver la fortune et les richesses qu'il faut pour vous racheter au préahm?

Ba-Chuly répondit :

— O mon aïeul, notre père a fixé le prix de rachat de ma personne à 1000 dâmlœng d'or; quant à celui de néang Krésna, son prix est plus élevé encore : 1000 dâmlœng d'or et beaucoup de biens, des richesses de différentes sortes (1).

Préas bat srey Sânchey donna alors des ordres aux amat :

— Eh! amat, allez rassembler tous mes biens, toutes mes richesses, afin que je rachète mes deux petits-enfants à Chuchok-Préahm : 2000 dâmlœng d'or,

---

(1) Ce membre de phrase ne devrait point se trouver dans la bouche de Ba-Chuly, qui devait répondre en énumérant les choses fixées par Vésandàr pour le rachat de sa sœur. Cela ressemble à un et cætera de l'adaptateur cambodgien. Il n'en peut être autrement, puisque nous voyons plus loin que le roi énumère les choses qu'on doit rassembler. Il n'eut pas les énumérer si Ba-Chuly lui avait répondu : « et beaucoup de biens, de richesses de différentes sortes ». — La version singalaise, si j'en crois Spence Hardy, ne dit pas que le prix de rachat a été fixé par Vésandàr. Le grand-père y rachète ses petits-enfants sans demander leur prix. Dans notre texte, Vesantara donne ses enfants, mais il prend quelques précautions pour que nul ne puisse les acheter, sauf un roi, afin qu'ils ne changent pas de maître et pour qu'on puisse les retrouver. Cela me paraît une correction au texte primitif, une nouvelle, bien que faible protestation de la conscience kmère, qui cherche à atténuer ce qu'a d'odieux la conduite de son héros.

100 esclaves mâles, 100 esclaves femelles, 100 éléphants, 100 chevaux, 100 charrettes, 100 asôppharéach (1) et 100 vaches ehhmach (2).

Tous ces biens rassemblés, le Préas Angk les donna à Chuchok-Préahm,
puis il lui fit présent d'un prasath (3) à sept étages, afin de le récompenser, puis
il fit préparer du riz, de l'eau et des mets, afin que le préahm put manger à sa
volonté.

C'est ainsi que les deux petits-enfants de Sanhchey furent rachetés par leur
grand-père et retrouvèrent leur liberté.

Le Préas Angk fit ensuite venir ses petits-enfants, les fit laver, baigner,

INDIGESTION ET MORT DE CHUCHOK PRÉAHM

débarrasser des saletés et de la poussière dont ils étaient couverts; puis,
les ayant vêtus d'habits neufs et ornés d'objets [précieux]. il leur fit donner à
manger. Quand ils eurent mangé, néang Sobassoppedey prit Néang entre ses
bras et le Préas bat srey Sanhchey prit Ba-Chuly entre les siens. S'étant assis
tous deux et ayant placé les enfants sur leurs genoux, [Sanhchey]. comblant
Ba-Chuly de caresses, le couvrant de baisers, lui parla de ses préas méatda et
préas beyda :

— O Ba-Chuly, néang Métry et Préas bat srey Vésandar ont-ils été malades
depuis qu'ils habitent la forêt? Ont-ils été indisposés quelquefois? Jouissent-ils
d'une bonne santé?

(1) Sanscrit : *rishabhs*, bureau.
(2) Rouges.
(3) Tout habitable Sanscrit : *prisals*.

A cette question de son grand-père, chau Chuly répondit :

— O mon grand-père, depuis que tous deux se sont fait religieux moha rusey à la Kiry Vongkot báropot ils se portent à merveille. O mon grand-père, je suis plein de compassion pour néang Métry, notre mère; dès le point du jour, tous les matins, elle prend ses paniers, sa gaule et s'en va toute seule dans la forêt chercher et cueillir les fruits des arbres. Elle est amaigrie par la la fatigue, par l'intempérie, cár elle est toujours exposée au soleil, à la pluie, aux vents. Ses cheveux tombent et, sur sa tête, ils sont plus clairsemés qu'autrefois; son corps porte les traces nombreuses des épines qui l'ont déchiré. O mon grand-père, néang Métry, notre mère, va tous les jours toute seule dans la forêt; personne ne l'accompagne jamais et cette forêt est pleine de fauves.

Chau Chuly, en racontant ces choses à son grand-père, pensait avec son cœur à ses père et mère qui étaient encore dans la forêt et cherchait, par ces paroles pleines de tendresse, à décider le roi à les envoyer chercher.

— O mon grand-père, ajouta-t-il, j'ai entendu dire par les autres que le Préas bat srey Vésandâr, notre père, est vraiment votre fils. Dans ce cas, mon grand-père, comment pouvez-vous n'avoir pas pitié de lui?

A ces paroles du chau Chauly, Préas bat srey Sânhchey répondit :

— J'ai eu tort, je le vois maintenant, d'écouter les réclamations du peuple et de bannir ton père, qui est un homme innocent. O mon petit-fils, ton grand-père veut maintenant remettre à ton père tout son or, tout son argent, toutes ses richesses et le royaume. Seulement, Ba, il faut que tu te rendes près de ton père et que tu l'invites à gouverner ce royaume.

— O mon grand'père, répondit chau Chuly, ce que vous venez de dire est bien, mais si je vais inviter le Préas bat srey Vésandâr, notre père, à se rendre ici, je crois qu'il refusera. Il serait mieux que vous allassiez vous-même lui porter cette invitation, car j'ai vu que son cœur aimait à observer tous les rites religieux et qu'il cherche à atteindre l'état de Préas Put.

Ayant réfléchi aux paroles du chau Chuly, Préas bat srey Sânhchey donna l'ordre aux mandarins et au Séna Botdey de réquisitionner, de recruter des pols au nombre de 15.000 hommes, de les vêtir d'un uniforme, de réquisitionner un grand nombre d'éléphants armés de leurs défenses, de prendre un nombre suffisant de cornacs pour ces éléphants et de recruter le plus rapidement possible 14.000 charrettes.

— Afin, dit-il, que j'aille inviter Préas bat srey Vésandâr, mon fils, qui est sur la montagne de Vongkot báropot [à remonter sur le trône].

Puis le Préas Angk donna l'ordre aux amat de faire construire des dâmnak (1) sur toute la route, jusqu'à la montagne de Vongkot báropot, et d'approvisionner chacun de ces dâmnak d'alcool, de riz cuit, de vivres

(1) Maison de halte, caravansérail.

nombreux, d'aliments sucrés et d'aliments salés et épicés; il leur donna l'ordre de veiller à ce que toutes ces choses fussent prêtes à l'arrivée des troupes de pols (1) qui devaient composer le cortège de Préas bat srey Vésandâr.

— Eh! amat, dit le roi, vous rassemblerez des petits garçons et des petites filles qui savent chanter et danser et vous les amènerez dans les dâmnak de la route, où ils s'amuseront en nous attendant. Vous convoquerez tous les musiciens dans ces mêmes dâmnak et ils joueront de leurs instruments, car il convient que mon enfant soit bien reçu à sa rentrée dans le royaume.

Cependant, toutes les richesses que le Préas bat srey Sânhchey avait fait

ENTERREMENT DE CHUCHOK PRÉAHM

rassembler [pour le rachat de ses petits-enfants] avaient été remises à Chuchok-Préahm; puis, cela fait, on lui avait servi le riz cuit, l'eau, les mets préparés que le roi avait ordonnés. Malheureusement pour lui, Chuchok-Préahm était un homme plein d'ambition et gourmand. Voyant les bons mets, les excellentes choses qu'on lui servait et qui répandaient d'exquises odeurs, il ne put modérer sa gourmandise et mangea tant qu'il en mourut.

Préas bat srey Sânhchey le fit incinérer; puis, la cérémonie terminée, il fit battre le gong, afin d'inviter les parents du défunt, dans le Chédok-nokor, à se présenter pour recueillir sa succession. Trois jours s'étant écoulés et aucun parent ne s'étant présenté, tous les objets qui lui avaient appartenus devinrent la propriété du roi.

Les préparatifs du voyage étant terminés et l'armée d'escorte étant

____

(1) Hommes de corvée, esclaves d'État, donnés ici pour soldats.

rassemblée et prête à prendre la route qui conduit à la montagne de Vongkot bâropot, Sânhchey nomma le chau Chuly conducteur de la route (2).

Parlons maintenant du pays de Klœng kréas :

Depuis l'arrivée dans ce pays de l'éléphant Préas chey Néaken, les tévodas firent tant pleuvoir sur le Klœng kréas que le pays et tous les villages furent partout inondés. Alors, le roi des préahm (?) ordonna de reconduire l'éléphant au Préas bat srey Sânhchey et de le lui offrir.

Or, depuis que le Préas chey Néaken était revenu dans le royaume [de Chédok], il était vaillant, joyeux, content. Au moment du départ pour la montagne de Vongkot bâropot, il poussa des cris de joie si retentissants que tous les éléphants se mirent à pousser des cris qui retentirent dans tout le Chédok-nokor.

XVI

Préas bat srey Sânhchey, néang Sobassopedey et leurs deux petits-enfants étant partis du royaume et marchant jour et nuit, mirent environ un mois pour arriver à la montagne de Vongkot bâropot. Quand ils furent au srà Muchalin, le chau Chuly, qui était l'ordonnateur de la route, fit arrêter les troupes de soldats, les éléphants, les chevaux et les charrettes.

Préas bat srey Vésandâr, entendant les bruits tumultueux que faisaient les troupes de pols, d'éléphants et les chevaux du chau Chuly, se disait en lui-même :

— Certainement, ce sont mes ennemis qui viennent me trouver jusqu'ici, m'arrêter et me tuer.

Alors, très effrayé, il prit néang Métry par la main et la fit monter avec lui sur le sommet de la montagne.

— O néang Métry, dit-il [en lui montrant l'armée du chau Chuly], voyez ces troupes de guerriers, d'ennemis, ces éléphants, ces chevaux, ces charrettes. On vient certainement à nous pour nous arrêter et nous tuer.

Puis, plein d'effroi, il se mit à pleurer en disant :

— O néang Métry, ce ne sont point, hélas ! les troupes de nos Sâmdach préas Vo beyda et préas Vo méaïda !

Néang Métry, voulant le consoler, lui dit :

— O Préas Angk, qu'avez-vous à craindre de ces ennemis? Le Préas bat Eyntréa ne vous a-t-il pas béni en disant : « S'il vient ici des ennemis soit de

(2) *Néak néam phléar.*

droite, soit de gauche, soit de devant, soit de derrière, qu'ils ne puissent rien contre eux (1) ». Ne craignez donc rien de vos ennemis.

Préas bat srey Vésandâr, après ces paroles de néang Métry, ne craignit plus rien des ennemis. Il redescendit avec elle du sommet de la montagne et fut s'asseoir à la porte de la sala (2).

Cependant, Préas bat srey Sânhchey disait à néang Sobassoppedey :

— O néang, si nous allons ensemble chez Vésandâr, il sera très gêné et très peiné. Il est mieux que, tout d'abord, j'aille le consoler, afin que sa peine et ses chagrins soient apaisés quand vous viendrez. Puis, quand vous serez avec nous depuis un instant, Ba-Chuly et néang Krésna se présenteront.

LE ROI, LA REINE ET LEURS PETITS-ENFANTS RETROUVENT VÉSANDAR ET NÉANG MÉTRY. TOUS PLEURENT DE JOIE.

Ceci dit, le roi partit avec tous ses amat pour se rendre près de Vésandâr.

Celui-ci, qui était assis à la porte de la sala avec néang Métry, vit de loin et reconnut que c'était le Sâmdach préas voréach beyda qui s'avançait vers lui. Alors, le Préas Angk et néang Métry, se levant d'un bond, accoururent et se prosternèrent devant lui. Ils pleurèrent tous les trois en se retrouvant. Le Préas Angk, étant moins ému, Sânhchey dit à ses enfants :

— O mes deux enfants, depuis que vous êtes venus vous établir dans cette forêt, n'avez-vous point été malades, n'avez-vous point souffert de quelque ndisposition? Avez-vous toujours eu des fruits d'arbres en abondance?

(1) Indra n'a pas dit un mot de cela dans son souhait en huit articles.
(2) Toute cette scène ne paraît pas se trouver dans les textes singalais.

Préas bat srey Vésandâr, ayant entendu les paroles de son père, répondit :

— O Préas Vo beyda, tous les deux dans cette forêt nous avons joui d'une bonne santé et nous avons eu toutes espèces de fruits en abondance. O mon père, néang Métry, votre bru, tous les matins partait pour les cueillir. Voyez son corps, toute sa personne est amaigrie par la fatigue, par le chagrin, par notre vie difficile; son teint est jaune.

Puis Préas bat srey Vésandâr dit à son Préas Vo beyda :

— O mon père, avez-vous vu Ba-Chuly et Mé-Krésna, que j'ai donnés en aumône à un préahm? Je vous en prie, dites-nous toute la vérité.

Préas bat srey Sanhchey répondit :

— Mon fils, j'ai déjà racheté Ba-Chuly et néang Krésna au préahm; ils sont libres.

Vésandâr et néang Métry, en entendant leur père dire qu'il avait déjà racheté leurs enfants, étaient contents et très heureux dans leur cœur.

A ce moment, néang Sobassoppedey, préas Vo méalda de Préas bat srey Vésandâr, paraissait près de son fils avec son cortège de snâm kromokar (1).

A sa vue, Vésandâr se leva d'un bond et fut au-devant d'elle avec néang Métry; celle-ci, en se prosternant, disait :

— O Préas Vo méalda, je suis néang Métry, votre bru, qui vient vous saluer.

Alors, néang Sobassoppedey, pleurant et se lamentant, se mit à caresser le dos de sa bru.

Les quatre Préas Angk étaient soulagés de leurs chagrins lorsque Ba-Chuly et néang Krésna, escortés de petits garçons et de petites filles, qui étaient leurs barivéars (2), parurent à leur tour.

Néang Métry, les apercevant, elle qui, dans son amour de mère, avait tant pensé à eux, bondit vers eux et les prit sur elle, toute pleurante, toute tremblante de joie. Son bonheur fut si fort qu'elle tomba évanouie à terre avec ses enfants. Préas bat srey Sanhchey, néang Sobassoppedey et Préas bat srey Vésandâr, voyant que néang Métry et ses deux enfants étaient évanouis à terre, vinrent près d'eux et, les prenant dans leurs bras, les pressaient et les caressaient en pleurant. De leur côté, les soixante mille amat et les pols de l'escorte royale, voyant les six princes et princesses qui pleuraient [de joie], se mirent à pleurer avec eux, à se lamenter. Puis ils s'évanouirent et tombèrent à terre.

Dans son paradis, Préas Eyntréa thiréach, apprenant dans quel état se trouvaient les six personnes royales et leur escorte de soldats et d'amat, fit pleuvoir sur eux. Ils reprirent tous connaissance grâce à cette pluie bienfaisante, et les amat, se prosternant devant Préas bat srey Vésandâr et néang Métry, les invitèrent à rentrer dans leur capitale.

(1) Femmes suivantes. (Voyez plus haut ce qui est dit de ce mot).
(2) Du pâli parivâra, cortège, entourage. Le sanscrit est parivâra.

Alors, Préas bat srey Vésandâr, se prosternant devant ses père et mère, dit au roi :

— O mon père, il y a quelque temps, les gens du peuple se sont rassemblés et, avec votre consentement, nous ont chassés [de notre capitale] et nous sommes venus nous établir dans la forêt du mont Vongkot bâropot; comment se fait-il que vous veniez maintenant m'inviter à régner [sur ce peuple]?

A ces paroles de son Préas réachéa bat, Préas bat srey Sânhchey répondit :

— O mon enfant bien-aimé, ami de ton père, pardonne à ton père, car il a eu tort de céder aux exigences du peuple et de chasser hors du royaume son

RETOUR DE LA FAMILLE ROYALE AU CHÉDOK NAHA NOKOR

fils, qui n'avait point failli. Viens donc, mon enfant, et pardonne cette faute à ton père, oublie-la, ne la retiens pas et revenez tous dans notre ville royale; reviens, mon fils, reviens, car nous deux, qui sommes tes père et mère, nous mourrons bientôt. O mon enfant, retire tes vêtements de religieux et viens recevoir les insignes de ta dignité, le costume royal.

Ces paroles de son précieux père et les instances de sa précieuse mère décidèrent Préas bat srey Vésandâr, et il accepta l'offre qu'on lui faisait d'aller régner dans la capitale du Chêdok-nokor.

Alors, les soixante mille amat (1) nés le même jour que le Préas bat srey Vésandâr, apprenant qu'il consentait à régner dans la capitale, furent heureux. Ils vinrent à lui et lui dirent :

(1) Nous avons vu plus haut que l'escorte était de treize mille hommes, puisqu'il y avait six mille amat; maintenant ils sont soixante mille. Il est probable qu'il faut lire cent trente mille hommes d'escorte, dont soixante mille amat.

— O Seigneur, venez, nous vous en prions, recevoir le *luk dp* (1) et les huiles [de consécration]; puis revêtez le costume qui convient à votre nouvelle dignité de roi.

Préas bat srey Vésandâr sortit alors pour recevoir l'eau lustrale et les huiles parfumées, puis il rentra dans la sala pour quitter ses vêtements de religieux et vêtir le sâmpot aux couleurs bleues d'azur, le sâmpot blanc qui se porte obliquement [en écharpe sur l'épaule gauche et sous le bras droit]. Quand il fut habillé, il sortit de nouveau de la sala, en fit trois fois le tour (2); puis, se tournant vers l'Est, il éleva ses mains jointes au-dessus de sa tête inclinée, et il commença par ce côté à saluer les huit régions pour les glorifier (3), puis il prit congé de la préas bârum sala (4) en disant :

— O sala où je suis venu m'installer il y a neuf mois et demi, où je me suis fait religieux, où j'ai observé les préceptes saints, où j'ai médité, demandé prospérité et miséricorde, où j'ai donné en aumône ma femme et mes enfants aux préahm; ô sala, combien je te suis reconnaissant.

Comme Préas bat srey Vésandâr, s'adressant à la sala, prononçait ces paroles de reconnaissance, la terre, dont l'épaisseur est de 240.000 youch, trembla violemment sur les vents.

Alors, le barbier s'approcha de Vésandâr; avec ses ciseaux et son rasoir, il lui coupa les cheveux et le rasa. Préas bat srey Vésandâr se leva et alla se baigner; puis, ayant revêtu un costume nouveau, il apparut beau comme le Préas Eyntréa du Suorkéa (5). Tous les [membres du] sénabot dey : les préahm prit (6), les borohêt (7) s'approchèrent et l'adorèrent en faisant des vœux pour que son règne fut glorieux et de longue durée. Pendant ce temps, les musiciens jouaient bruyamment dans la forêt.

De son côté, néang Métry fut baignée et vêtue du costume de reine; puis, tous les nobles, tous les fonctionnaires, tous les préahm prit, les borohêt

(1) Eau lustrale préparée avec quelques gouttes de cire qu'on laisse tomber des cierges en prononçant quelques prières.

(2) C'est le *Pradaksina*, grande salutation qui se fait en tournant autour de l'objet ou de la personne qu'on veut honorer de façon à lui présenter toujours l'épaule droite. Cette salutation se retrouve au Cambodge dans beaucoup de cérémonies, aux mariages autour des fiancés, à la fête de la nubilité, au sacre du roi, aux fêtes religieuses quand le peuple tourne en cortège autour des pagodes, ou quand les fidèles individuellement font œuvre pie; les contes représentent souvent un enfant saluant ainsi ses parents, un homme, le roi. Le *Pradaksina* se retrouve en Écosse pour certaines évocations de sorcellerie, en France, dans l'église catholique, quand le prêtre fait le tour du catafalque, quand le clergé fait, avec les fidèles, processionnellement le tour de l'église, quand seul il fait le tour du sanctuaire à l'intérieur. Dans tous ces cas, on présente l'épaule droite à ce que l'on veut honorer. Le comte de la Chataigneraie, lors de son duel avec Jarnac, fit le tour de l'enclos du combat afin de l'honorer avant d'y entrer. Le *Pradaksina* est le symbole du mouvement du soleil et des planètes autour du mont Méru.

(3) Les quatre points cardinaux et les quatre points intermédiaires.

(4) Haute, très haute sâla, du pali *para paruma sala*.

(5) Du sanscrit *Svarga*, paradis. Le s du sanscrit est souvent devenu un ss dans le cambodgien.

(6) Brahmes chapelains, du s. *purohita*; les mots *prit* et *borohêt* font ici doublet.

(7) Les ministres, les brahmanes et les conseillers.

vinrent l'adorer et faire pour elle et son règne des vœux de gloire et de longue durée (1).

Préas bat srey Vésandàr, ayant revêtu un autre costume, prit un arc et monta sur le Préas chey Néaken (2), plein de joie et de bonheur. Dans la forêt, les musiciens bruyants continuaient de se faire entendre. Nèang Mètry monta avec ses deux enfants sur un autre éléphant et, s'adressant à eux, elle leur disait :

— O enfants bien-aimés de leur mère, pendant que le préahm vous emmenait, votre mère, restée dans la forêt, ne cessait de penser à vous, ne mangeait

SACRE ET COURONNEMENT DE VÉSANDAR AU CHÉDOK MAHA NOKOR

qu'une fois par jour et priait, demandant la faveur de vous retrouver bientôt tous deux. Voilà maintenant que je vous retrouve, mes souhaits sont exaucés.

Un instant après, Préas bat srey Vésandàr et nèang Mètry, s'adressant aux sàmdach préas Vo méatda et préas Vo beyda, leur disaient :

— O vous deux, Préas Angk, à partir de ce jour, efforcez-vous de faire des bonnes œuvres et d'observer les préceptes religieux ; ne les oubliez pas un seul jour. Nous deux, nous avons déjà fait beaucoup de bonnes œuvres en distribuant de nombreuses aumônes, mais nous craignons que vous deux, achevant de vivre, vous ne trouviez au-delà que chagrins et malheur, les souffrances de l'enfer.

Les six personnes royales restèrent ainsi près d'un mois dans la forêt du Kiry Vongkot bàropot ; puis, un jour, Préas bat srey Vésandàr donna l'ordre à

(1) Ces deux cérémonies sont encore célébrées au Cambodge à l'élévation du roi et de la reine. Voyez ce que j'en dis dans mes *Recherches sur le Droit public des Cambodgiens*.

(2) Le précieux et glorieux éléphant.

tous les nobles, à tous les fonctionnaires de préparer les éléphants, les chevaux, de rassembler les troupes de pols, afin de quitter la forêt pour rentrer au Chédok-nokor.

Tout étant prêt, Préas bat srey Vésandâr monta sur le Préas chey Néaken avec les deux enfants royaux, et les six personnes royales s'acheminèrent au nord (1) du Kiry Vongkot bâropot avec leur escorte et leur suite de nobles et de fonctionnaires, grands et petits.

Après deux mois de route, elles arrivèrent au Chédok-nokor, où, dès leur arrivée, tous les hommes de la ville royale, tout le peuple, tous les habitants du pays, venus de l'extérieur, arrivèrent avec les tribus soumises (2) et les présentèrent au Préas bat srey Vésandâr.

Quand la nuit fut venue, Vésandâr entra dans sa chambre et se coucha. A minuit, il se leva et, songeant dans son cœur, il se disait :

— O infortuné, demain tous les mendiants sauront que tu es revenu dans ta ville royale et, dès le matin, ils viendront certainement te demander l'aumône. Que feras-tu pour te procurer les richesses, les objets, les biens qu'il te faut pour faire l'aumône aux mendiants? Hélas! j'arrive de la forêt, où je n'avais aucune richesse, et je n'ai rien, rien à donner en aumône.

Dans son paradis, le Préas Eyntréa thiréach connut les réflexions de Préas bat srey Vésandâr; il réfléchit et se dit en lui-même :

— Eh! voici que Préas bat srey Vésandâr est rentré dans sa ville royale, sans fortune et sans biens à donner en aumône aux mendiants. Il n'a rien à lui parce qu'il vient d'arriver de la forêt et, cependant, il songe, dans sa charité immense, à faire l'aumône aux mendiants. Puisqu'il en est ainsi, je vais faire pleuvoir, et l'eau qui tombera produira des masses d'or et d'argent. Alors Préas bat srey Vésandâr pourra faire l'aumône aux mendiants.

Et la pluie tomba avec abondance; et cette pluie, qui était de diverses couleurs, produisit beaucoup d'or et d'argent. Préas bat srey Vésandâr, voyant cela, dit aux amat :

— Ramassez cet or et cet argent et mettez-le dans le trésor royal.

Et Vésandâr ne cessa point de donner en aumône beaucoup d'or et beaucoup d'argent.

XVII

Après sa mort, Préas bat srey Vésandâr renaquit au paradis (3) sous la forme d'un tévobot (4) nommé Sânthas-tévobot; puis, quand il eut acquis

---

(3) Je crois qu' faut lire au sud.

(4) Sacy ou sud.

(1) Les textes singalais disent qu'il renaquit au devaloka nommé Tusita, le *Dossehs* des Cambodgiens et le quatrième des devaloka.

(2) Fils de dieu, bienheureux.

les mérites de Préas Put, il renaquit [après sa mort] Préas tévôda (1).

Néang AmittaJa (2), au temps du Buddha, renaquit en néang Bănhcha méa nasika (3).

Choltobot (4), gardien des routes au temps où Préas Angk devint Buddha, fut Moh.i Anonta ther (5).

Achéot-tabăs-moha-risey (6), indicateur habituel (?) des routes aux préahm, quand Vésandăr fut devenu Buddha, avait repris naissance sous le nom de Préas moha Saribotta-ther (7).

Préas bat Eyntréa thiréach (8), qui avait l'habitude de donner ses instructions religieuses (?) au Préas Angk, quand ce dernier fut devenu Préas Put, fut Préas moha Anuruthéa achar (9).

Préas bat srey Sănhchey (10), qui avait été le Préas Vo beyda [de Vésandăr], quand le Préas Angk [son fils], fut sur le point de naitre, était Préas bat srey Sotthottăna moha réach (11).

Néang Sobassoppedey (12), qui avait été la mère du Préas Angk, quand il naquit pour être Buddha, était néang Srey moha Méajéa (13).

Néang Métry (14), mère du chau Chuly et de néang Krésna, au temps du Budda, fut Yasanthavéa kansay Sarôpech (15).

Chau Chuly, le Préas réachéa bott, au temps du Buddha était Préas Réahulla-ther (16).

Néang Krésna (17), qui avait été Préas réachéa bottrey, au temps du Préas Angk devenu Buddha, était néang Obalpattherey-phikkhuney (18).

Quant aux nombreux amat [60.000 qui étaient nés en même temps que Vésandăr], ils furent ses disciples.

(1) *Devăta, deva*, dieu.
(2) En păli restitué *Amittala*.
(3) En păli restitué *Siñca mduariki*, jeune brahmine Sinca.
(4) En păli restitué *Silapulla*.
(5) Grand, vénérable Ananda. Le texte păli fait renaitre ce personnage en *Channa*.
(6) En păli restitué *Acuta Ispassi*, l'ascète Accuta.
(7) *Sariputra* ou *Sariputta* le *théro*, l'ancien.
(8) Indra.
(9) Anuruddha, le lettré.
(10) *Sincaya marindo*, Sincaya, roi des hommes.
(11) Suddhodhana, grand roi, le père du Budha.
(12) *Phussati dévi*, la reine Phussati.
(13) *Mahd mdyd*, grande illusion, mère du Buddha.
(14) *Matri dévi* ou Maddi, ou Métri.
(15) *Yaçodhara*, la femme du Buddha et la mère du Rahula; les Cambodgiens la nomment souvent *Pimpla-iloj*. Voyez plus loin.
(16) *Rahula*, fils du Buddha.
(17) *Kanha*.
(18) *Uppalavanad-bhikkhuni*, la religieuse du Budha, chef des religieuses.

NOTE

J'ai publié en 1895, dans *Cambodge, Contes et Légendes, le Sûtra du roi Chéaly*. Ce sûtra est une suite donnée au *Mâha Chéatdak* par un auteur inconnu, mais qui pourrait bien être un auteur cambodgien. Il contient quelques détails complémentaires sur Vésandâr, l'histoire de notre chau Chuly et de sa sœur Krésna, puis il s'achève en nous conduisant rapidement au grand'père du Buddha, à Simkahanu, puis à son père Suddhodhana et à lui-même.

Si mal ordonnancé que soit ce sûtra, si fautif qu'il soit, il est certainement l'abrégé d'un sûtra plus important qui contenait des renseignements que notre *Mâha Chéatdak* ne donne point. M. Léon Feer a observé que le premier paragraphe reproduit, à quelques détails près, les faits exposés dans le jâtaka 547, le dernier de tous ; il contient aussi des variantes et des erreurs assez graves. Mais tel qu'il est, avec tous ces défauts, il apporte des données nouvelles assez importantes pour attirer notre attention.

Tout d'abord, il enseigne que le nom véritable du roi charitable est Chéaly (en sanscrit *Jâli*) ; Vésandâr (pâli *Vésantara*) ne serait alors que son surnom, le surnom qu'on lui aurait donné de la rue des Vesyas ou marchands, dans laquelle il est né. C'est là, je crois, un fait nouveau qui n'est pas sans importance et qui n'est pas sans vraisemblance. Dans ce cas, et c'est encore ce qu'enseigne le *Sûtra du roi Chéaly*, le père et le fils auraient reçu à leur naissance le même nom ; ce n'est pas là une nouveauté dans l'Inde.

Ce sûtra nous enseigne encore que néang Métry, qui devait être la femme du roi charitable, est née la même année et le même mois que lui, mais dix jours plus tard, le dixième jour de la lune décroissante de Pisakh (sanscrit *Vaiçâkha*, avril-mai) le jour du soleil (*thngay atit*, dimanche).

Le roi Sânhchey les maria à seize ans et leur remit le pouvoir royal.

Ils avaient vingt-et-un ans quand néang Métry mit au monde notre chau Chuly, et ce premier enfant, commençait à se tenir sur ses pieds et à marcher quand ils eurent néang Krésna qui porte ici le nom de Kangha (du pâli *Kanha*; en barman *Gahna*), Chau Chuly était né dans le courant du premier mois de l'année, il semble que sa sœur, dont on ne donne pas le mois de la naissance, soit née dans la même année ; ils étaient donc du même âge à un an près.

Un détail grave, et qui ne concorde pas avec ce que nous savons par le *Mâha Chéatdak* et par les autres leçons, enseigne que le roi charitable donna son éléphant blanc, avec beaucoup d'autres animaux, pour fêter ces deux naissances. Nous savons qu'il donna l'éléphant blanc, non de sa propre initiative, mais par ce qu'il lui fut demandé par les envoyés d'un roi voisin. D'autre part, s'il fut donné un jour où le roi charitable était la naissance de ses deux enfants, on doit convenir, ou qu'il avait attendu longtemps, ou qu'il était l'anniversaire de la naissance de l'un ou de l'autre (ce qui ne paraît pas avoir été une coutume indienne) car ce don, au dire de notre auteur, eut lieu quatre ans environ après la naissance de Chau Chuly. Les deux enfants sont en effet nés en l'année du Serpent *(Mosanh)* et le don n'eut lieu qu'en l'année de la Poule *(Roka)*, c'est-à-dire quatre ans plus tard.

Le *Sâtra du roi Chéaly* parle de la sédition du peuple, mais ne dit pas la cause de cette sédition ; il en indique le but qui est l'exil du roi « conformément à la coutume ». Il y a là certainement une grosse erreur, car il n'y a jamais de coutume semblable. Vésantara était roi ; il avait succédé à son père qui avait abdiqué en sa faveur. Si le peuple s'adressait à l'ancien roi, c'était non pour lui rappeler une coutume inobservée, mais parce qu'il était mécontent de voir les richesses du royaume s'en aller en aumônes et surtout parce que Vésantara avait donné à des étrangers un animal précieux, vénéré, qui passait pour avoir amené la prospérité dans le royaume.

Le sâtra est si bien daté qu'il nous permet de fixer, sinon l'époque à laquelle vivaient nos personnages, du moins l'âge qu'ils avaient quand survinrent les événements qu'il raconte. Lorsque le roi charitable quitta son royaume avec sa femme et ses enfants pour gagner la montagne Crochue (Vongkot bâropot, *l'ongkot Kiry*, du sanscrit *l'anga parvata*, *l'angagiri)*; il avait vingt-quatre ans et quinze jours ; néang Métry avait vingt-quatre ans et cinq jours ; chau Chuly avait quatre ans et environ six semaines ; néang Krésna avait environ trois ans et six sema'nes.

La ville du roi charitable est dans les textes pâlis et sanscrits partout, nommée Jayatura ou Jetuttara ; notre *mâha Chéatdak* la nomme Chédok et donne à son roi le titre de Sivi ; Chédok est certainement l'altération du nom pâli-sanscrit, mais le *Sâtra du roi Chéaly* lui donne un nom beaucoup plus long : « Krong Pichey Chéttada-Srey-Phiréas ». — *Chéttada*, à n'en pas douter, est *Jettutara-Chédok; Krong* est un mot cambodgien signifiant royaume ; le mot *srey* est l'altération du mot sanscrit-pâli *sri*, bienheureux, qui est un titre ordinairement joint dans l'Indo-Chine aryenne au nom des villes royales et des rois. Mais que signifient les mots *Pichey* et *Phiréas?* le premier est connu au Cambodge, mais il ne fait pas partie du langage courant ; il est de la langue littéraire et paraît signifier « beau, magnifique » ; dans ce cas il peut avoir pour origine le sanscrit *vicitra*, beau, belle, on l'y trouve encore avec un autre sens, celui de « victoire », mais alors il n'est connu que des lettrés, et provient du sanscrit *vijaya*. Ces deux sens conviennent parfaitement à une ville royale et les textes cambodgiens et siamois nous ont habitués depuis longtemps à voir donner aux grandes cités et aux rois les qualificatifs « beau, belle, magnifique, victorieux, victorieuses », alors même qu'ils étaient loin de les mériter.

Quant au mot Phiréas, il est peut-être l'altération du sanscrit *Pârydta*, aujourd'hui Birât et probablement autrefois *Birdshtra*, ou *Vijaya rdshtra*, royaume, victorieux, mais cela est hypothétique. Il y a même quelques raisons de croire que ce mot désigne non Birât mais Sravastl. Sravastl était la grande capitale des Sivi et Sivi est le nom que le *Mâha Chéatdak* donne au roi Chettada.

II. — Le *Sûtra du roi Chéaly* nous donne aussi sur Chuchok-Préahm et sur Amittada des renseignements que ne donne pas le *Mâha Chéaldak*. Ils ne sont pas très importants, mais comme ils sont nouveaux, je crois, il n'est pas inutile de les résumer ici. Chuchok-Préahm est fils d'un Préahm et d'une Préahmney *(brâhmani)*; son père se nommait *Kaléak*, son oncle maternel portait le nom de Kous et sa tante celui d'Achérey; son oncle paternel était un nommé Koyol, et sa tante, femme de Koyol, était néang Kiry. Toute cette famille de Préahm habitait Béarénnasey (sanscrit *Bârânasi, Vârânasi*, Bénarès).

A la mort de ses parents Chuchok s'en fut habiter avec le frère aîné de son père (son grand'oncle) et cet oncle en mourant lui laissa sa maison. Chuchok resta avec le frère aîné de son père (son petit-oncle). Un incendie qui détruisit beaucoup de maisons du royaume de Péarennosey ayant détruit la maison de Chuchok et fait périr la femme que son grand'-oncle lui avait fait épouser, le Préahm quitta le pays et fut habiter chez un de ses amis, Kol-En, un Préahm du royaume de Kléngkréas (sanscrit *Kalinga*, le Boundaïkhan actuel). Possédant 100 dâmlœng d'or (environ 3.750 gr.) qu'il avait amassés en mendiant, il les confia à son ami qui était riche. Quand il revint, son ami s'étant ruiné, avait dépensé la somme que Chuchok lui avait confiée; d'accord avec sa femme Many, il lui remit en échange leur fille Amittada et Chuchok emmena sa nouvelle femme qui était jeune et très belle dans le royaume de Talvitkram (peut-être Talvit grama) dont le roi était un Préahm nommé Sécabanol et la reine dame Mantéa Many tévy.

Ce second paragraphe nous apprend que Amittada était jeune et belle, parce que, dans une autre existence, elle avait offert une belle fleur de lotus au Buddha, mais qu'elle avait épousé un vieux mari, parce qu'une autre fois elle avait offert au même Buddha une fleur flétrie; enfin, qu'elle renaîtra plus tard pour être l'épouse d'un jeune mari, nommé Héna-préahm.

III. — Le troisième paragraphe enseigne que le roi charitable demeure exilé sur la montagne Crochue jusqu'au mois Bos (s. *Pausha*, décembre-janvier) de l'année Kor ou du Cochon. Cette année Kor étant la seconde qui suit l'année Roka, au commencement de laquelle il avait quitté son royaume, et le mois Bos étant le dixième de l'année, il s'ensuit que l'exil de la famille royale dura trente-deux mois, trente-cinq si nous comptons le mois qu'elle passa dans la forêt avant de se remettre en route et les deux mois que dura le voyage de retour.

Le *Mâha Chéaldak* nous enseigne que le Vésandâr fut de nouveau élevé au pouvoir royal, mais alors qu'il fait célébrer la cérémonie apphisèk (s. *abhisheka*) à l'ermitage; le *sûtra du roi Chéaly* paraît indiquer que le roi Sânhchey n'abdiqua le pouvoir qu'à son retour dans la ville royale.

Il ajoute qu'il tomba malade cinq ans plus tard, au mois Kadék (s. *Karttika*, le huitième mois) de l'année Momé ou de la Chèvre, et qu'il mourut un dimanche *(thngay Atit)* du mois de Pisakh (s. *Vaiçâkha*, deuxième mois) de l'année suivante. Il y a là une erreur de chiffre; l'année Momé ou de la Chèvre est la septième qui suit l'année Kor ou du Porc, mais cela n'a aucune importance. C'est là une de ces erreurs de copiste dont fourmillent, hélas! les manuscrits cambodgiens; elle s'explique d'ailleurs très bien par ce fait que le nombre 7 s'écrit cinq-deux (pram-pil). Quoi qu'il en soit de cette erreur sans importance, le *sûtra du roi Chéaly* nous apprend que le roi-père est monté au séjour des dieux Dusœtta, le quatrième des deva-lokas, mais il place ce paradis sous le gouvernement de Préas En (Indra), qui, pourtant, est considéré comme étant le chef du paradis des Trente-Trois.

L'éléphant blanc serait mort dans l'année Pok, un jour de Jupiter (*préashkissandey*, s. *Vrihaspati*), qui était le quinzième croissant du mois de Pisakh.

Le roi charitable serait mort le lendemain à minuit, et néang Métry, son épouse dévouée, serait morte quelques jours plus tard, le huitième jour décroissant du même mois de Pisakh. Si cette année, Pok est la première de ce nom qui a suivi celle au cours de laquelle est morte la reine-mère, le roi charitable est mort douze ans après son père et onze ans après sa mère ; il était âgé de quarante-sept ans. S'il est mort au courant d'une autre année Pok, il faut augmenter cet âge de douze années. Mais un fait nous permet de croire que c'est bien à quarante-sept ans que le roi Vésandâr est mort, c'est le fait que son fils, qui avait alors vingt-six ans, n'était pas encore marié. A vingt-six ans, les princes hindous sont mariés depuis au moins six ans ; on ne saurait admettre que celui-ci avait trente-huit ans quand il épousa sa sœur Krésna-Kangka, et que celle-ci attendit au-delà de vingt-cinq ans, à trente-sept ans pour prendre un époux. A vingt-cinq ans, une femme est déjà vieille dans l'Inde ; à trente-sept ans, elle est très vieille. C'est donc, à mon sens, la première année Pok ou du Serpent qui a suivi celles au cours desquelles sont morts le roi-père et la reine-mère que nous devons accepter comme étant celle où sont morts le roi charitable, sa femme et son éléphant blanc.

Nota. — Notre texte ne dit pas ce que fut plus tard Chuchok-préahm (*jujaka*). Les textes pâlis nous disent qu'il fut le traître Dévadatta.

Les textes pâlis donnent au royaume dont Sanhchey et Vésandâr furent rois le nom de *Siviratha*, « royaume de Siri », et à leur ville royale le nom de *Jetuttara nagara*, « ville de Jettutara ».

Adhémard LECLÈRE.

Alençon. — Imprimerie A. Herpin, 9, rue du Cygne.

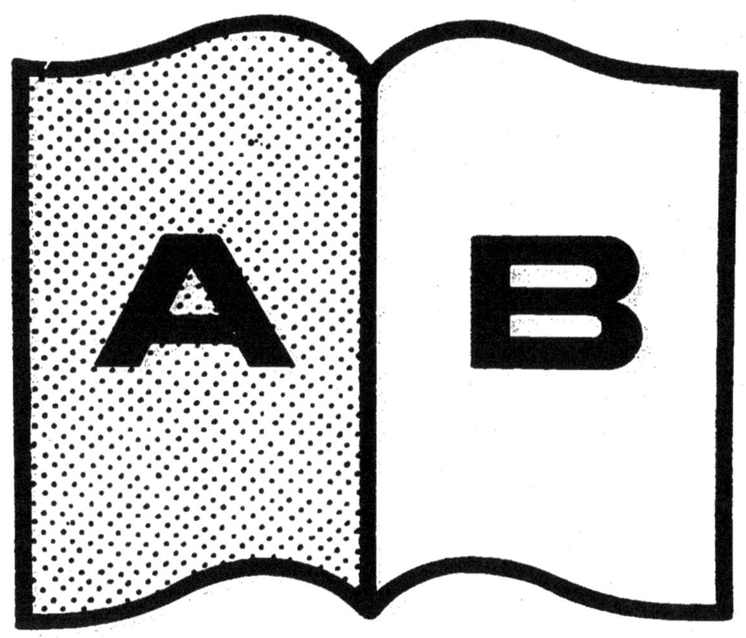

Contraste insuffisant

NF Z 43-120-14

9 782014 438178